Aristide Sirikivuya Mumbere-Wa-Hangi

Parole et présence de YHWH. Visiter le message oraculaire d'Aggée

Aristide Sirikivuya Mumbere-Wa-Hangi

Parole et présence de YHWH. Visiter le message oraculaire d'Aggée

Éditions Croix du Salut

Imprint

Cover image: www.ingimage.com

Publisher:
Éditions Croix du Salut
is a trademark of
Dodo Books Indian Ocean Ltd. and OmniScriptum S.R.L publishing group

120 High Road, East Finchley, London, N2 9ED, United Kingdom
Str. Armeneasca 28/1, office 1, Chisinau MD-2012, Republic of Moldova, Europe
Printed at: see last page
ISBN: 978-620-3-84592-1

Remerciements

Nous tenons à remercier sincèrement toutes les personnes qui ont aidé de près ou de loin à fonder nos idées et à réaliser ce travail. Nous savons gré :

À tout le corps professoral de la Faculté de Théologie de l'UCL au Collège Descamps,

À l'équipe du Secrétariat TECO du Collège Descamps à l'UCL, Mesdames Pascale HOFFMANN et Anne-Monique STAES-POLET pour l'accueil et tous les services rendus,

À tous nos Supérieurs Croisiers honoraires et actuels pour leur confiance et sollicitude fraternelles,

À tous nos Confrères Croisiers de Hannut, de Diest, de Maaseik, de Sint Agatha et d'Afrique pour la fraternité protectrice et l'accueil indéfectible dont ils nous gratifient quotidiennement,

À notre regretté papa, Asifiwe-Paul SIRIKIVUYA KAKULE-WA-LULYATSA, parti il y a peu, et dont l'absence nous lance le défi de rechercher et hâter la venue de l'essentiel, de saisir les urgences, les signes du temps pour bien habiter chaque maintenant de notre pèlerinage terrestre,

À Françoise DARDENNE, à Cécile JACQUERYE, à Bernard SCHAUTTEET pour la lecture de nos épreuves ; à Marthe LOW pour la mise en forme du tapuscrit, et à tous nos amis à Louvain-la-Neuve, à Saint-Paul (Blocry-Hocaille) et en Hesbaye (Braives-Hannut-Wasseiges).

Que ces lignes leur révèlent qu'un choix équilibré de priorités dans les différents tiraillements de nos vies n'exclut pas une action, aussi petite soit-elle, pour YHWH. C'est en tenant compte de la présence de YHWH et de sa parole que s'harmonise sans heurt la recherche de l'utile et de l'agréable, que l'essentiel et l'urgent se réalisent à l'unisson, sans se combattre. De tout cela, la prophétie d'Aggée peut être une école. À tous et à chacun, nous exprimons notre sincère gratitude.

Aristide SIRIKIVUYA MUMBERE, O.S.C.

Avant-propos

Les XII Petits Prophètes

Ag est le dixième dans un corpus appelé les Douze Petits Prophètes, *Terē-ʿāśār (Terei Assar)* en hébreu. Ces textes, comme l'ensemble de la Bible, posent aux lecteurs des questions d'unité, de cohérence et d'organisation. Plusieurs approches essayent de répondre à ces questions en les étudiant du point de vue thématique. La récente étude de J.T. LeCureux (2012), à la suite de celle de R.P. House (1990), se situe dans cette perspective. Ces approches, caractérisées par une lecture globalisante, procèdent pour la plupart par le repérage des thèmes et des mots qui traversent l'ensemble allant d'Osée à Malachie.

Cependant, les termes et thèmes souvent choisis peuvent se rencontrer dans les autres livres bibliques en dehors des Douze et se révéler ainsi communs à la Bible hébraïque. Leur choix risque de généraliser les propos des XII et rendre inaperçus leurs aspects spécifiques. C'est ce que font observer J. Barton (2001) et E. Ben Zvi (2012), le premier dans son étude sur Joël et Abdias et le second dans ses analyses pointues sur l'hypothèse des Douze. Pour ces deux exégètes, chaque livre est particulier et complet. Leur lecture s'intéresse aux œuvres indépendantes les unes des autres.

En dépit des particularités, l'on ne manque pas de constater un ensemble plein de symétries, un certain réseau des thèmes et termes se faisant écho et pouvant répondre à une logique interne, socle utile à la construction progressive de la communication prophétique organisée chez les XII dans le TM.

- Ainsi par exemple, Osée dont la prophétie s'ouvre par le mot « commencement » se trouve au début du corpus.

- Joël décrit les malheurs dont parle le livre d'Osée et finit par l'annonce de la dévastation des nations (Égypte et Édom). Ce thème rime avec ce que nous lisons au début du livre d'Amos.

- Amos et Abdias ont en commun cette prophétie contre Édom (Am 1,11-12 ; 9,12) avec la différence qu'Amos cite les deux résidences royales d'Édom (Témân et Boçra),

- Tandis qu'Abdias ne parle que de Témân et de l'ancêtre fondateur d'Édom, Ésaü. Les 21 versets décrivent la violence d'Édom contre Jacob et la revanche d'Israël.

- Alors qu'Abdias sous-entend une restauration d'Israël contre Édom, Jonas, par une narration humoristique, rectifie les positions d'Abdias contre les étrangers. La conjonction de coordination au début de Jon laisse envisager cette progression antithétique qui induit une nouvelle conception par rapport au message précédent. Ici, s'opère un subtil passage d'une vision oraculaire contre une nation à un récit prophétique en faveur d'une nation étrangère, Assyrie.

- Jonas et Nahum parlent de Ninive. Chez Jonas, il s'agit de la miséricorde divine envers Ninive alors que Nahum annonce la ruine de cette ville. Jonas rappelle qu'il n'y a pas uniquement de faveur pour Israël comme cela apparaît déjà en Am 9,1-10.

- Michée est entre Jonas et Nahum pour décrire un nouveau procès contre Israël. Mi 5,4-5 en parlant d'Assyrie – permet de faire un lien entre Jon-Na. C'est le même qui annonce le Messie comme nouveau berger qui tirera de l'oppression le Nord et le Sud. L'ouverture universelle se rencontre même chez So et Za où les différents coins du monde.

- Habacuc est rattaché à Nahum par le thème de l'effondrement cosmique. Nahum commence par un psaume, Habacuc termine aussi par un cantique de même type et on peut y relire le nom Témân. Sophonie revient sur le thème du « jour de Yhwh » qu'on rencontre déjà chez Joël, Amos et Abdias. Tout en appelant à la conversion, Sophonie résume les prophéties contre les nations, contre Jérusalem et rappelle les promesses. Ce livre se termine aussi par un chant d'allégresse. En plus, Nahum est anti-assyrien, anti-ninivite. Habacuc est angoissé par le mal et formule une forte imprécation contre les Chaldéens : Babylone. Nahum, Habacuc et Zacharie (par les expressions 'lever les yeux/découvrir le visage et voir') reviennent sur le thème des visions que le lecteur a déjà rencontré en évocation chez Jl 3,1 (« voir des visions ») et en quelque neuf occurrences chez Amos et deux fois chez Abdias.

- Aggée, Zacharie et Malachie clôturent le corpus par une forte allusion aux prêtres et leur fonction. Aggée et Zacharie réactivent le messianisme que nous trouvons déjà chez Michée, considéré comme le centre du corpus, et permettent de l'envisager en deux angles : spirituel et politique. Là s'explique toute l'importance accordée à Zerubbabel, par le retour de l'idée du roi (contre laquelle s'insurge le prophète Osée), et à Josué, le grand-prêtre dans les deux prophéties. C'est sous le couvert du « gouverneur-serviteur de YHWH » qu'Aggée présente l'élu, « celui qui est établi comme l'anneau à cacheter » (Ag 2,23). Dans leurs suscriptions, Aggée et Zacharie ont en commun l'indication de l'an deux du règne de Darius.

- Avec Aggée, Zacharie et Malachie, on atteint le sommet de l'impératif de restauration, le rappel des fléaux – le ton est à l'apocalypse et l'eschatologie – et de la proximité de YHWH, entendu par-là le couronnement de l'amour-tendresse de YHWH et de la mise en garde contre tout laisser-aller (dans le culte, le mariage, etc…) comme cela se lit déjà au début du corpus, chez Osée, Joël et Amos. Soit dit en passant, le terme « massa' » relie Na, Ha à Ml. Le retour d'Élie face aux prêtres qui rendent un culte abject (formalisme) clôture toutes les remarques concernant le sacrifice et les offices invalides dont parlent tous les XII. L'allusion au leadership et à la Torah de Moïse au début (Os 12,14) et dans ces dernières lignes du corpus (Malachie) place l'Alliance à la source et au sommet de la parole prophétique des XII.

Certains oracles peuvent en outre permettre de rapprocher les 1050 versets du corpus. Selon les thèmes abordés, ils sont regroupés en oracles contre les Nations, oracles de vengeance, oracles sur le jugement d'Israël, oracles de restauration, etc… Les visions et les prières (hymnes) prophétiques constituent également des indices d'une possible comparaison entre certains livres : par exemple Amos et Zacharie pour les visions ; Jonas, Michée, Nahum Habacuc et Sophonie pour les hymnes ou prières.

Dans la polyphonie et la polysémie des XII, les thèmes récurrents sont : le bouleversement cosmique, l'orgueil des villes, la guerre et la destruction par des bêtes et bestioles, l'occupation sans fin de la patrie recouvrée, les prêtres et le culte des idoles, la liturgie du Temple, le lien de parenté et déconvenue familiale, la présence de l'Esprit, la fertilité du pays, la prospérité matérielle (la vie nouvelle) et l'organisation de la nation sous la protection de YHWH, la puissance et l'effondrement des nations, les lamentations, les propos et les lois perfides, la rupture et le rétablissement de l'Alliance, la purification du peuple, la restauration du royaume davidique et l'optimisme prophétique, le désir de vengeance, la souveraineté et le pardon de YHWH, le troupeau et le pasteur souffrant, l'universalité du dessein de Dieu, l'annonce du Messie, etc.

Ces thèmes sont parfois transmis dans une imagerie qui dépend de l'inventivité littéraire en chaque livre. Ainsi, par exemple, la prostitution et la négation dans les noms des deux enfants d'Osée mettent en évidence l'idolâtrie et la rupture du rapport entre l'homme et Dieu. L'assaut des bestioles (les sauterelles) dans les champs préfigure la destruction des œuvres d'un peuple infidèle à l'Alliance. C'est par le feu que tout sera dévasté. L'appel à la pénitence et au jeûne (Os 6,1-3 ; Jl 2,12-17 et So 2,1-3) peut faire penser à la future liturgie pénitentielle dans le Temple, une fois restauré dans toute sa splendeur. L'image du mariage aide à se représenter l'Alliance conclue entre YHWH et son peuple. La métaphore de la vigne flétrie éclaire sur l'état de la ville détruite. Le pasteur souffrant est présent dans le berger de Za 13, qu'on peut rapprocher avec les allusions en Mi 7,14. Za 13 présente le messager comme un agriculteur. La vocation d'Amos (Am 7,10-15) anticipe cette conception du prophète agriculteur et berger.

Et, chronologiquement, d'Osée à Nahum nous percevons un passage dans la période assyrienne, tandis que Habacuc et Sophonie rappellent l'hégémonie babylonienne déjà effleurée en Mi 4,10. Mais si tel est le cas, que signifie la présence de Ninive en Sophonie (2,13) ? La période perse porte la communication prophétique d'Aggée, de Zacharie et de Malachie. À quoi réfère la classification de ces livrets dans la version massorétique ? Il ne s'agit pas en tout cas d'une logique des dates ni de la suite ordinaire des événements historiques. Comment lire ce corpus sans niveler les textes et sans cacher la richesse enfuie en chacun d'entre eux ? Diverses propositions existent mais méritent d'être peaufinées. Cela demande un approfondissement concret de l'épistémologie en exégèse des XII : cette démarche, nous l'appelons une « exégétique des XII » – pour rester dans le giron terminologique traditionnelle – et pouvant définir notre façon de lire un livret en lui-même et en relation avec les autres, et savoir se frayer un chemin herméneutique et existentiel à travers les informations glanées dans les données scripturaires[1]. Pour bien marcher, on n'est pas seul : il faut une route et des balises. Dans le cas des XII, les balises sont déjà posées dans les débats autour de Nogalski et Ben Zvi et bien d'autres chercheurs comme Boda, Di Pede, Fabry, Floyd, Guillaume, Himbaza, House, Jones, LeCureux, Machinist, Macchi, O'Brien, Redditt, Schart, Scaiola, Shepherd, Spronk, Sweeney, Tiemeyer, Timmer, Wörhle, Zapff, etc. C'est auprès d'eux qu'il faut s'orienter actuellement pour se rendre compte de ce qui se passe exactement sur le terrain des lectures et des débats qui sont pour la plupart de nature rédactionnelle, éditoriale ou mixte rédactionnelle et éditoriale à la fois.

La nature rédactionnelle du corpus et sa réception font partie des apports de Nogalski tandis que Ben Zvi, lisant les livrets dans leur singularité (particularité) et dans leur forme actuelle, reconnait tout de même que les XII ne constituent pas un regroupement aléatoire[2]. Ces deux exégètes représentent les deux tendances significatives dans les débats méthodologiques sur l'étude des XII[3]. Et comme le remarque E. Ben Zvi[4], la lecture globalisante amorcée par J.D. Nogalski[5] a inspiré plusieurs approches sur les XII.

---

[1] Ici, je pense essentiellement à ce que Frédéric BOYER, *Là où le cœur attend*, Paris, P.O.L., 2017, p. 42-43, signale comme la vertu intrinsèque à l'exégèse elle-même qui permet de « ne pas croire qu'il y ait vraiment égalité entre la vie et les textes mais que lire et interpréter, c'est se conduire, se diriger dans la vie même, se lire en interprétant l'autre et le vie à travers leurs écritures, selon l'étymologie du mot grec, *ἐξήγησις, exêgêsis*, dont le verbe signifie tout à la fois conduire et expliquer, marcher devant. Tout comme en hébreu, le mot *midrash*, dérivé du verbe *darash* exprime à l'origine la quête, une recherche. Et il précise que l'effort consiste à « réentendre les mots que d'autres que nous ont su poser sur le malheur, la tristesse, le besoin… Et traduire donne cette force parce que c'est faire face à l'étrangeté, à l'altérité d'une langue, d'une civilisation) jusqu'à les accepter, les accueillir pour les entendre en nous, mais également pour en être transformé soi-même, en formant dans notre langue maternelle la trace vive de l'attente d'autrui et de sa langue ».

[2] Voir aussi J.H. GAINES, *Forgiveness in a Wounded World. Jonah's Dilemma* (Studies in Biblical Literature), Atlanta, SBL, 2003, p. 17.

[3] F. LANDY, « Three Sides of a Coin : In Conversation with Ben Zvi and Nogaslki, Two Sides of a Coin », dans *The Journal of Hebrew Scriptures* 10 (2010), 21 pages disponibles en ligne sur http://www.jhsonline.org et http://purl.org/jhs [consulté le 2 septembre 2016].

[4] E. BEN ZVI, « L'hypothèse d'un Livre des Douze est-elle possible du point de vue des lecteurs anciens ? », dans J.-D. MACCHI, Ch.L. NIHAN, Th. RÖMER et J. RÜCKL (éds), *Les recueils prophétiques de la Bible. Origines, milieux, et contexte proche-oriental* (MoBi, 64), Genève, Labor et Fides, 2012, p. 387-423. IDEM, « Remembering Twelve Prophetic Charaters from the Past », dans E. DI PEDE et D. SCAIOLA (éds), *The Book of the Twelve – One Book or Many ? Metz Conference Proceedings 5-7 November 2015* (FAT, 91), Tübingen, Mohr Siebeck, 2016, p. 6-36.

[5] J.D. NOGALSKI, « Un et douze livres. La nature du processus rédactionnel et les implications de la présence de matériau cultuel dans le Livre des XII Petits Prophètes », dans J.-D. MACCHI, Ch.L. NIHAN, Th. RÖMER et J. RÜCKL (éds), *Les recueils prophétiques de la Bible. Origines, milieux, et contexte proche-oriental* (MoBi, 64), Genève, Labor et Fides, 2012, p. 361-386. IDEM, « The Book of the Twelve Is Not a Hypothesis », dans E. DI PEDE et D. SCAIOLA (éds), *The Book of the Twelve – One Book or Many ? Metz Conference Proceedings 5-7 November 2015* (FAT, 91), Tübingen, Mohr Siebeck, 2016, p. 37-59. Cette seconde contribution aborde Jonas et Nahum en relation avec le livret

Une classification tenant compte des apports de ces deux ténors dans la discussion sur le livre des XII retient trois approches méthodologiques : les lectures rédactionnelles, les lectures selon le lecteur ancien et les lectures thématiques[6]. Les deux derniers types sont synchroniques tandis que la première est diachronique.

Une autre classification y voit plutôt une lecture « unitariste », une lecture « individualiste »[7] (particularisante) et une dernière faisant la synthèse (la position nuancée) entre les deux premières. Les unitaristes lisent les XII en séquences ou comme un ensemble unitaire tandis que les particularistes y voient des livrets distincts et singuliers. C'est plutôt dans la synthèse, une approche mixte et nuancée, que nous trouvons la notion de « corpus » qui suppose la présence « des textes distincts mais particulièrement articulés »[8]. Et, à ce niveau de la recherche, des exégètes et interprètes, qui appliquent une lecture

de Tobit, les écrits de Flavius Josèphe et Jérôme (les lecteurs anciens). Pour marquer les trois décennies de ses recherches sur le Livre des XII, l'auteur a publié une monographie nommée *The Book of the Twelve and Beyond : Collected Essays of James D. Nogalski* (Ancient Israel and Its Literature, 29), Atlanta, SBL Press, 2017. L'introduction de ce volume présente suffisamment son approche des XII. Josèphe et Jérôme ont commenté Ag. L'un dans son histoire du peuple de l'Alliance surtout dans un contexte de précision identitaire face au syncrétisme introduit par le contact avec les nations dont les Assyriens, le but étant, nous semble-t-il, d'identifier l'origine de la dissidence face au projet de reconstruction du temple appuyé par les prédications d'Aggée et Zacharie, lire pour cela M.-F. BASLEZ, « Être Samaritain dans l'Antiquité. La construction d'une identité ethnico-religieuse », dans F. BRIZAY (éd.), *Identité religieuse et minorités : De l'Antiquité au XVIIIe siècle* (Histoire), Rennes, Presses Universitaires de Rennes, 2018, p. 23-36. Le second lit Ag dans le contexte de son *opus prophetale* élaboré pour répondre aux questions de ses divers correspondants. L'*In Aggaeum* de Jérôme est dédié à Paula et Eusthocium, probablement, ses élèves en Bible. Jérôme est guidé non pas par les règles de l'éloquence mais par un principe souvent rare chez les commentateurs, sa confiance au Seigneur. Il est habité par cette phrase tirée de son *Psalterium Gallicanum,* une traduction latine à partir de la LXX d'Origène (les Hexaples : édition exégétique polyglotte de l'AT en six versions différentes). C'est le Ps 67,12 tel que travaillé par lui : « le Seigneur donnera la parole à celui qui prêche l'Évangile, et une grande vertu » (nous y reconnaissons à peu près le Ps 68,12 selon le TM).

[6] D. SCAIOLA et E. DI PEDE, « Le livre des Douze : Une Unité ? Quelques éléments méthodologiques de réponse », dans H.-J. FABRY (éd.), *Minor Prophets-Major Theologies* (BETL, 295), Leuven-Paris-Bristol, Peeters, 2018, p. 315-327 (surtout les pages 316-321).

[7] Les qualificatifs « unitariste » et « individualiste » proviennent de l'analyse de R. BORNAND, « Un « livre des quatre » précurseurs des Douze Petits Prophètes », dans *ETR* 82 (2007), p. 549-566.

[8] R. KÜNG, « Éclairages sur la question des XII à partir du livre de Sophonie », dans J.-D. MACCHI, Ch.L. NIHAN, Th. RÖMER et J. RÜCKL (éds), *Les recueils prophétiques de la Bible. Origines, milieux, et contexte proche-oriental* (MoBi, 64), Genève, Labor et Fides, 2012, p. 424-434, précise que « l'idée de corpus renvoie au corps lequel est constitué de parties indépendantes, différentes, ayant leurs caractéristiques propres, mais néanmoins articulées. Ainsi, il est possible de concevoir ces douze prophètes comme douze entités à part entière mais qui s'articulent les unes aux autres par des renvois, des thèmes communs, etc. » (p. 426). Voir aussi C.L. NIHAN, « Remarques sur la question de 'l'unité' des XII », dans E. DI PEDE et D. SCAIOLA (éds), *The Book of the Twelve – One Book or Many ? Metz Conference Proceedings 5-7 November 2015* (FAT, 91), Tübingen, Mohr Siebeck, 2016, p. 165. A. SIEGES, « One Book or Twelve Books ? », dans J.-M. O'BRIEN (éd.), *The Oxford Handbook of the Minor Prophets*, New York, Oxford University Press, 2021, p. 28-38.

diachronique (rédactionnelle et éditoriale) ou synchronique (lecture du texte dans son état actuel), ont commencé à repérer les liens formels et thématiques dans les XII en vue d'appuyer l'idée d'une unité littéraire.

Depuis presque trois décennies, dans cette entreprise exégétique et interprétative, les approches synchroniques restent marquées par les divers résultats des analyses diachroniques qui demeurent les plus nombreuses. Quand bien même certaines de ces lectures se disent particularisantes, elles essayent d'établir un dialogue avec les autres pièces dans l'ensemble. On rencontre ainsi les lectures unitaires rédactionnelles, les lectures unitaires thématiques, etc., auxquelles s'ajoute le repérage d'autres indices communs : la cohérence narrative et rhétorique du texte, l'ordonnancement des livrets et leurs liaisons internes.

Lors du Colloque de Metz (5-7 novembre 2015), E. Ben Zvi posait la question des voies de lecture du « Livre des XII » des Douze Petits Prophètes dans une perspective historique. À la fin de sa contribution, il a ouvert la possibilité à d'autres formes de lecture de cet ensemble[9]. Un an plus tard, durant le 65e Colloque biblique de Louvain dédié aux XII et leurs théologies (27-29 juillet 2016), un des séminaires s'est intéressé aux méthodes de lecture et en prenant comme exemple le livret de Joël. Le rapport de ces débats, signé par D. Scaiola et E. Di Pede, propose une approche synchronique mettant davantage l'accent sur l'usage des outils de l'analyse narrative et de la rhétorique dans l'analyse du corpus des XII[10].

---

[9] E. BEN ZVI, « Remembering Twelve Prophetic Charaters from the Past », dans E. DI PEDE et D. SCAIOLA (éds), *The Book of the Twelve – One Book or Many ? Metz Conference Proceedings 5-7 November 2015* (FAT, 91), Tübingen, Mohr Siebeck, 2016, p. 36.

[10] D. SCAIOLA et E. DI PEDE, « Le livre des Douze : Une Unité ? Quelques éléments méthodologiques de réponse », dans H.-J. FABRY (éd.), *Minor Prophets-Major Theologies* (BETL, 295), Leuven-Paris-Bristol, Peeters, 2018, p. 315-327. Depuis la découverte du commentaire de Julien d'Éclane sur les trois premiers livrets du corpus dans la Vulgate (écrit en 418 et faussement attribué à Rufin d'Aquilée), on sait qu'il s'intéressait à l'aspect narratif du texte et qu'il faisait déjà un clin d'œil important sur le lien entre les Petits Prophètes et quelques Psaumes : Ps 2,5 ; 17,9 et 17,26-27 ; 31,9 ; 33,7-8. Ce dernier exemple est particulièrement intéressant. Dans son *In Osee*, 3,13,14-15, où il entend le texte de l'extermination de l'armée assyrienne au temps d'Ezéchias, Julien cite en confirmation le Ps. 33 en disant qu'il annonçait cette libération miraculeuse. Ce rapprochement entre le premier des XII et le premier livret du psautier est intéressant surtout que tout le psautier vient immédiatement après les XII dans le TM. Cette lecture se rencontre également chez Théodore de Mopsueste, Épitomé à son commentaire sur les Psaumes que l'exégèse actuelle regroupe en cinq livrets. Sur l'œuvre de Julien d'Éclane, voir Y.-M. DUVAL, « Iulianus Aeclanensis restitutus. La première édition – incomplète de l'œuvre de Julien d'Éclane », dans *REAP* 25 (1979), p. 162-170 surtout les p. 168-169. J. LÖSSL, « Julian of Aeclanum's Tractatus in Osee, Iohel, Amos », dans *Augustiniana* 51 (2001), p. 11-37.

Cependant, l'analyse approfondie de la question méthodologique reste un domaine à explorer davantage surtout en scrutant la place et l'apport herméneutique de la poésie mélangée à la prose dans les oracles prophétiques. C'est sur ce chantier que nous avons voulu nous engager dans nos recherches en Bible. Fort des résultats fournis par les recherches récentes sur les XII comme ensemble, mais sans minimiser la complexité et l'indépendance de chaque livret, nous pensons qu'une lecture synchronique d'un livret singulier est un préalable nécessaire à une lecture pouvant mettre en dialogue les livrets entre eux. C'est après avoir recueilli le message particulier d'un livret en ses différentes parties qu'on peut alors bien en entendre ses échos ailleurs en parcourant l'aire scripturaire immense qu'est la famille prophétique. C'est à cet exercice que nous nous livrons dans cet ouvrage consacré à lecture du livret d'Aggée.

Introduction générale

> Le prophète Aggée peut aujourd'hui étonner le lecteur à plus d'un titre [...] Les oracles d'Aggée obligent à prendre quelque distance avec la lecture littérale du texte pour voir dans ce prophète un homme qui a su discerner [...], l'urgence spirituelle du moment[11].

La prophétie d'Aggée se présente sous forme de prose entrecoupée de petites séquences rythmées. Le texte, comprenant des discours accompagnés de précisions d'ordre narratif, figure parmi les plus courts de la Bible hébraïque. Ainsi, pourrions-nous dire, comme J.-P. Bagot et J.-C. Dubs : « *Ce livre, très* court, *peut-être lu d'une seule traite* »[12]. Sans doute, mais il n'y a pas intérêt. Ce n'est en tout cas pas cette perspective qui fonde notre lecture. Les raisons de cette étude sont ailleurs que dans la longueur du livret. Ces raisons portent sur les questions d'unité, d'organisation, de cohérence et de force performative du message, sa force de convaincre et de toucher.

Les trente-huit versets communiquent « la parole de YHWH » et mettent en exergue sa présence agissante dans les événements. Pris dans son ensemble, le livret d'Aggée constitue une pièce littéraire complète et son organisation ne fait pas de doute. C'est avec ce présupposé que nous voulons le scruter. Le chapitre premier, composé d'un seul discours, est encadré par des indications temporelles tandis que le deuxième, plus étendu et comportant trois discours, se termine sur des paroles de promesse.

Notre lecture se veut synchronique et cela signifie que nous considérons le texte dans son état actuel. Son analyse et une indication des possibles clés de structuration et d'interprétation forment l'essentiel de cette étude. Notre ouvrage, intitulé **Parole et présence de YHWH. Visiter les oracles d'Aggée, le prophète,** cherche à montrer l'organisation du texte et son autorité comme œuvre et cela à la lumière des différents débats exégétiques sur la particularité du livret d'Aggée. Il s'agit concrètement de parcourir Ag dans le TM – par le biais de l'analyse littéraire – pour en explorer, en pénétrer le contenu, les

---

[11] *La Bible, Traduction Officielle Liturgique*. Texte intégral publié par les évêques catholiques francophones, Paris, Mame et AELF, 2013, p. 2255. (Sous le titre : Livre d'Aggée. Introduction).
[12] J.-P. BAGOT et J.-C. DUBS, *Pour lire la Bible*, Villiers-le-Bel, Bibli'O, 2005, p. 90.

caractéristiques (les passages et les termes) et de laisser le texte – dans toute sa richesse – se manifester au lecteur.

Cet énième regard sur Ag vise à familiariser le lecteur avec le discours oraculaire présent dans ce livret, veut relever les qualités littéraires et rhétoriques de ce texte, un exercice pour en déceler l'éventuelle portée exégétique, théologique et anthropologique. Nous essayerons d'en dégager les sources et les marqueurs d'unité et de cohérence, d'en apprécier les indices structurants et leur influence sur la compréhension de la prophétie. Ce sera l'occasion de lire et d'analyser le texte. Nous y rechercherons les différents éléments qui font ressortir une unité littéraire complète.

Il sera également question de la recherche de ressemblances et de différences, de la cohérence interne de la prophétie d'Aggée. Les éléments d'inclusion soutiendront cette approche textuelle débouchant sur la mise en évidence des sous-sections. Chaque sous-section, ayant sa propre autonomie autour de quelques éléments communs ou différents selon un aspect précis du texte, forme une petite unité de sens. Par ces petites unités de sens et leur construction en réseau, le livre dans son ensemble s'appréhende à travers un plan alliant des reproches, des paroles de prise de conscience sur la pénurie du moment, des appels au travail, des encouragements et des promesses.

Après une brève introduction, un premier chapitre fixera le texte d'Aggée comme œuvre littéraire complète, comme une composition achevée et indépendante en relevant les données provenant de différentes recherches sur le livre. Nous proposerons, dans un deuxième temps, une structure et un commentaire : la prophétie s'écrit selon une symétrie en parallèle simple dont les deux grands membres se trouvent dans les deux premiers discours et ont leurs correspondants respectifs dans les deux derniers discours. Cette structure sous-entend un lien réciproque interne entre les sections parallèles mises en évidence. Notre commentaire se déploiera par des interprétations que les liens internes du texte donnent à envisager. Les mots seront pris dans les occurrences et la place de choix qui leur sont accordées dans le Texte Massorétique. Ainsi, il s'agira de proposer un commentaire basé sur le contenu, à savoir les mots eux-mêmes. L'on examinera enfin l'incidence du livre en vue d'éclairer les lectures et les résonances qu'il sous-tend. Une conclusion ouverte et une bibliographie clôtureront cette étude. En annexe, nous proposons notre traduction de travail.

Chapitre premier : État de la recherche sur Aggée

> Quelles que soient les énigmes qui subsistent à sa lecture, et s'il est évident que le livre est le fruit d'un travail de rédaction et de composition à partir des paroles rapportées du prophète [...], nous avons indubitablement à faire [sic] à un *texte de re-fondation* obéissant aux règles d'une rhétorique serrée, et visant le transfert des visions et du langage prophétiques anciens vers un monde totalement changé[13].

Introduction

La prophétie d'Aggée[14], en partie comme dans son ensemble, a déjà fait l'objet de plusieurs études et lectures. Ces études portent sur la composition, le genre littéraire du texte, des éléments de critique textuelle, de lexique, de rhétorique, de structuration, etc. Ces pistes de recherche donnent à lire une œuvre unique et unifiée dans la construction et dans l'organisation de ses différentes parties. Les mêmes pistes sont – pensons-nous – des sources et des marqueurs d'autonomie et d'unité textuelles.

Cette entrée en matière veut présenter Ag comme un écrit autonome et complet dont l'autorité est attestée par son état actuel et par l'intérêt qu'il suscite dans les multiples recherches exégétiques. Il nous semble que la mise en évidence de petites unités textuelles, l'ordre des mots et des discours, le retour aux mêmes vocables et à certaines expressions laissent transparaître la cohérence de ses trente-huit versets. Loin d'être d'un style médiocre, d'une cohésion interne critiquable, Ag reflète une unité de composition et une vraie logique de forme. Nous allons commencer par explorer succinctement quelques études, diachroniques ou synchroniques, les comprendre et les interroger pour définir la perspective et les critères de notre propre réflexion.

---

[13] F. De Haes, *Le rouleau des Douze Prophètes d'Israël et de Juda* (LR, 39), Bruxelles, Lessius, 2012, p. 287.

[14] Nous désignons par le nom « Aggée » le prophète et par la forme courte « Ag » le livret ou la prophétie.

1. Recherches sur le livret d'Aggée

1.1. *Composition littéraire du texte*

L'étude d'A. Tony (1895)[15] reste – malgré son ancienneté – une référence pour différentes approches d'Ag. Cette étude évoque des questions que le contact avec l'œuvre suscite encore aujourd'hui. L'auteur formule une série de thèses dont la treizième stipule, par exemple, qu'Ag n'a pas une grande valeur littéraire. Des chercheurs reviendront sur cet aspect et l'étudieront davantage (S. Amsler, 1981)[16].

La thèse plus récente de F.Y. Patrick (2006)[17] hiérarchise ces études antérieures et souligne leurs divers apports à la compréhension de la prophétie. Il montre que bien des chercheurs s'intéressent à la composition littéraire du texte et à son contexte historique. P.F. Bloomhardt et F.S. North qui s'intéressent aux *ipsissima verba prophetae* illustrent bien cette tendance. Pour Bloomhardt (1928)[18], ces paroles prophétiques peuvent être considérées comme des poèmes. Et c'est en les étudiant dans leur forme poétique qu'il arrive à en déceler la portée historique, le style et le message. Plus tard, M. Rogland (2016) étendra la question de la poésie en Ag sur Za 1 – 8, dans son étude sur le genre de ces deux textes[19]. Quant à North (1956)[20], il étudie les paroles du prophète

---

[15] A. TONY, *Le prophète Aggée. Introduction critique et commentaire,* Paris, Librairie Fischbacher, 1895. Le volume bibliographique de M. BODA, *Haggai and Zechariah Research : A Bibliographic Survey* (Tools for Biblical Studies series, 5), Leiden, Brill, 2003, éclaire la lecture d'Ag et de Za. Il présente les lectures d'Ag-Za sous les divers angles de la recherche. Il s'agit là d'un guide précieux pour la découverte des travaux produits sur cette littérature prophétique postexilique.

[16] S. AMSLER, « Aggée, Zacharie 1–8 », dans S. AMSLER, A. LAROCQUE et R. VUILLEUMIER, *Aggée, Zacharie, Malachie* (CAT, XIc), Neuchâtel-Paris, Delachaux&Niestlé, 1981.

[17] F.Y. PATRICK, *Haggai and the Return of Yahweh,* (Ph. D. Diss.), Duke University, 2006, p. 4-38. Ces pages résument tout un parcours à travers différentes études et considérations sur le texte d'Aggée. Nous nous limitons à certains aspects qui éclairent notre approche. Les dates reprises entre parenthèses se réfèrent à l'année de publication des recherches mentionnées.

[18] P.F. BLOOMHARDT, « The Poems of Haggai », dans *HUCA* 5 (1928), p. 153-195.

[19] M. ROGLAND, *Haggai and Zechariah 1–8 : A Handbook on the Hebrew Text. Baylor Handbook on the Hebrew Bible*, Waco, Baylor University Press, 2016. L'exégèse synchronique des livres prophétiques pose davantage le sens de l'imbrication entre poésie et prose dans leur herméneutique. Ces livres, témoins bibliques de la diversité de genres dans un même texte, montrent qu'on peut parler de poème narratif et de la narration poétique dans les oracles prophétiques. La notion mérité une analyse approfondie même s'il est toujours difficile de percevoir la différence entre poésie et prose. Nous nous y penchons dans notre thèse focalisée sur les liens et la cohérence entre Jonas et Nahum dans le TM. Le côté poétique d'Ag est aussi signalé par D.F. O'KENNEDY, « Haggai and Zechariah 1-8 : Diarchic Model of Leadership in a Rebuilding Phase », dans *Scriptura : International Journal of Bible, Religion and Theology in Southern Africa* 102 (2009), p. 579-593, surtout la p 580. P. HAUPT, « The Inauguration of the Second Temple », dans *JBL* (1914), p. 161-169, parle du poème d'Ag.

pour en découvrir le contexte et le message en dehors des ajouts rédactionnels ultérieurs. La substance du livre est à découvrir uniquement par l'analyse et l'interprétation des oracles, argue-t-il. Dans ces deux approches, la partie narrative du texte est négligée au profit des oracles.

C'est pourquoi, Patrick évalue ensuite l'étude de P.R. Ackroyd (1951)[21] qui change d'approche en tenant compte des deux composantes d'Ag. La partie narrative est ici considérée comme nécessaire pour comprendre les déclarations prophétiques. Même si les oracles ont d'abord été transmis oralement, le cadre narratif de la mise par écrit permet de suivre leur évolution. W.A.M. Beuken (1967)[22], s'intéressant aux traits littéraires et aux thèmes pour séparer les oracles des énoncés narratifs, découvre que le texte est formé à partir de petites scènes-sketches ou esquisses d'apparition (de présentation ou de spectacles), en allemand *Auftrittsskizzen*. Le rédacteur final aurait coulé ces sketches dans une forme semblable à celle de la chronologie et de l'historiographie du livre des Chroniques. Vingt ans plus tard, H.W. Wolff (1988) confirmera que l'ensemble d'Ag est constitué de sketches tout en précisant que les formules de temps y sont facilement repérables[23].

1.2. *Tradition et genre littéraires*

Soulevant la question de l'origine du texte, R.A. Mason (1977)[24] voit dans la prophétie d'Aggée une œuvre des prêtres et une parole orientant vers des promesses eschatologiques. La réalisation des oracles d'Ag reste une garantie pour l'accomplissement des promesses eschatologiques. Mais pour Mason, cette eschatologie est déjà réalisée : YHWH est avec son peuple. Le peuple rescapé de l'Exil est identifié au « reste du peuple » des prophéties antérieures. Il dénie au texte toute influence de l'œuvre du Chroniste, y décelant plutôt une parenté avec le vocabulaire deutéronomiste. Selon lui, le texte serait issu de ce qu'il appelle

---

[20] F.S. NORTH, « Critical Analysis of the Book of Haggai », dans *ZAW* 68 (1956), p. 25-46.

[21] P.R. ACKROYD, « Studies in the Book of Haggai », dans *JJS* 2 (1951), p. 163-176. Et la suite de l'étude dans *JJS* 3 (1952), p. 1-13.

[22] W.A.M. BEUKEN, *Haggai-Sacharja 1–8. Studien zur Überlieferungsgeschichte der frühnachexilischen Prophetie* (SSN, 10), Assen, Van Gorcum, 1967 (Ph. D. Diss.). Surtout les p. 27-83 et 331-336. Cette monographie est reconnue comme le principal catalyseur des études reliant Ag à Za 1–8. Les récentes recherches ont soit confirmé ou retravaillé les hypothèses émises par Beuken.

[23] H.W. WOLFF, *Haggai. A Commentary*, Minneapolis, Augsburg Publishing House, 1988, p. 18.

[24] R. MASON, « The Purpose of the 'Editorial Framework' of the Book of Haggai », dans *VT* 27 (1977), p. 413-421. Il signale, à la suite de beaucoup d'autres auteurs, que les formules prophétiques chez Ag sont placées comme en « sandwich » entre les dates. Il montre également que la formule « Aggée, le prophète » dans le texte ne peut pas venir d'Aggée lui-même.

en anglais *temple milieu* (le milieu du temple : une allusion est d'ailleurs faite au lieu cultuel). Ce qualificatif confèrerait à l'œuvre une origine cultuelle et une interprétation théocratique.

La problématique de l'origine, du genre et de la tradition du texte conduit à plusieurs hypothèses. Est-ce une prophétie, un compte-rendu, une histoire ? De quelle influence l'œuvre est-elle tributaire ? Les thèmes abordés ne laissent pas transparaître une dépendance unique et précise. La question du cadre rédactionnel servira à préciser l'origine des influences diverses rencontrées dans notre prophétie. C'est dans cette perspective que J.-D. Macchi résume :

> Dans tous les cas, le cadre rédactionnel insère dans le texte des problématiques liées à l'exercice du pouvoir dans la communauté postexilique, s'éloignant ainsi du thème originel, qui visent surtout à convaincre la communauté d'entamer les travaux[25].

Pour J. Tollington (1993 et 1999)[26], élève de Mason, le texte d'Aggée contient la partie orale de la prophétie écrite peu de temps après la proclamation et avant l'achèvement des travaux de la construction du temple. Mais, cette auteure étend sa perspective et signale que le texte a connu plusieurs étapes dans son élaboration avant d'atteindre la formulation actuelle. À son avis, « le message est transmis à travers un plan daté »[27]. Certes, elle accepte que le compilateur ait ajouté quelques dates dans la première mouture du texte d'Aggée. Cependant, note-t-elle, « ces dates ont été modifiées ou élargies plus tard ». Ainsi, le nombre de jours montre que la première partie prend beaucoup de temps. Il s'agirait là du temps pour rassembler, « *soit pour organiser le personnel, soit pour se pourvoir de bois (v. 8)* »[28]. Elle suggère donc que le livre a connu trois stades rédactionnels qui s'étendent sur une période de 350 ans. Au premier niveau, elle place les oracles donnés juste après le discours d'Aggée. Le second niveau correspond à la rédaction de la partie appelée « Glose de date en 2,2-9 », c'est-à-dire le v. 1 qui met cette section en rapport avec la fête de Soukkot et en continuité temporelle avec 1,1-15. Enfin, l'étape finale se situe à l'époque d'Antiochus, c'est-à-dire entre 175 et 164 av. J.-C. Pour fonder son

---

[25] J.-D. MACCHI, « Aggée », dans Th. RÖMER, J.-D. MACCHI et Ch.L. NIHAN (éds), *Introduction à l'Ancien Testament* (MoBi, 49), Genève, Labor et Fides, 2009, p. 535.

[26] J.E. TOLLINGTON, *Tradition and Innovation in Haggai and Zechariah 1-8* (JSOTSS, 150), Sheffield, Sheffield Academic Press, 1993. Voir également son article : TOLLINGTON, « Readings in Haggai : From the Prophet to the Completed Book, a Changing Message in Changing Times », dans B. BECKING et M.C.A. KORPEL (éds), *The Crisis of Israelite Religion. Transformation of Religious Tradition in Exilic and Post-Exilic Times* (OTS, 42), Leiden, Brill, 1999, p. 194-208.

[27] TOLLINGTON, *Readings in Haggai*, p. 200 : « *The message conveyed through the dating scheme* ».

[28] A. TONY, *Le prophète Aggée*, p. 234.

hypothèse, l'auteure s'appuie sur 2,10 qui présente une différence entre le texte premier et le texte final, avec le changement de l'expression « par la main d'Aggée » en « à Aggée ».

Ces hypothèses rédactionnelles rencontrent ainsi certaines analyses qui se basent sur les différents niveaux du texte pour faire ressortir les traditions dans sa composition : tradition de Sion (2,6-9), tradition sacerdotale (en continuité avec des motifs et des thèmes présents en Ex, Lv, Nb, Ez[29], etc...), tradition deutéronomiste[30] (allusion à l'Exode et aux conquêtes), tradition chroniste (dont l'écho est fort chez Esd-Ne, 1-2 Ch et la littérature du Second Temple). Mais il y a lieu de nuancer[31] : ces allusions à diverses traditions disent comment Aggée, attentif à la sécheresse et à la famine dans le pays, a eu des mots justes pour motiver ses coreligionnaires à travailler ensemble, et pour YHWH, cela en puisant son enseignement et ses paroles dans les situations concrètes[32]. Aggée transmet son message dans le langage des espérances religieuses des siens[33]. Cela peut expliquer l'écho que le texte fait aux autres livres du corpus prophétique.

---

[29] J. KESSLER, *The Book of Haggai. Prophecy and Society in Early Persian Yehud* (VTS, 91), Leiden, Koninklijke Brill, 2002, p. 101-102.

[30] D.J. BORELAND, *Back to the Future ? The Transitional Role of the Temple in Haggai and Zechariah 1-8*, article en ligne sur : https://www.ibr-bbr.org, 37 p. [consulté le 30 avril 2014]. Cet article étudie les formules deutéronomistes et sacerdotales dans Ag et Za 1-8. Dans le langage de ces deux traditions, il faut accepter le passé pour le dépasser et communiquer le futur. Le présent est la fusion du passé et l'anticipation du futur (p. 30). La tradition deutéronomiste et la tradition sacerdotale reconstruisent le présent en comprenant le passé (recours à l'Exode et à l'expérience d'Égypte) tandis que la tradition de Sion prépare le futur. Le temple est « *a seal of the effectual and active presence of God* » (p. 31).

[31] Cette notion de tradition religieuse et théologique est également abordée par J. TOLLINGTON, « Readings in Haggai », p. 197-199. Elle précise qu'Ag ne sert aucune tradition religieuse ni théologique : « *Haggai was calling for a return to a true expression of Yahwism through the restoration of both the cult in the temple and the Davidic monarchy* » (p. 199).

[32] En lien avec la famine et la sécheresse vues comme signe de l'éloignement de Dieu, J.A. BEWER, « Ancient Babylonian Parallel to Prophecies of Haggai », dans *The American Journal of Semitic Languages* 35 (1919), p. 128-133, avait déjà noté les parallèles très frappants entre les inscriptions de Gudea (les grandes inscriptions cylindriques A et B et l'inscription sur la statue B) et Ag. La construction du temple devrait rendre la divinité plus favorable pour le peuple. « À l'époque de Gudea, la famine menaçait également le peuple. Les crues annuelles du Tigre n'avaient pas eu lieu (Cyl. A 1,1-9). C'est la raison pour laquelle il fut décidé de construire un temple à Ningirsu. Le peuple juif fut informé de la volonté de Dieu par son prophète, Aggée. Gudea en fut informé dans un rêve, qui lui fut ensuite interprété par la déesse Nina. Il est intéressant de noter que dans les deux cas, la volonté de Dieu est révélée, sans quoi, semble-t-il, le temple n'aurait pas été construit », ajoute Bewer (p. 128). Dans les deux textes, la sécheresse sert de situation pour inviter à bâtir le temple, à donner une présence à la divinité car là où elle se trouve il n'y a pas de sécheresse ni de famine. La fertilité et l'abondance signifient sa présence permanente.

[33] Nous faisons ici allusion à l'espérance protéiforme et plurielle mise en évidence dans la Bible hébraïque.

> Dans le livret d'Aggée, fait de courts fragments d'une prédication centrée sur le temple, le lévitisme d'Ézéchiel, les perspectives du Second Isaïe et aussi le Troisième, qui est contemporain, [...] sont très sensibles[34].

Quant à la précision sur le genre, voici ce que dit M.H. Floyd :

> The genre of Haggai may simply be called prophetic history, if this designation is understood as a technical term applying only to narration of the sort just described. Such history has a plot and must therefore progress through several interrelated episodes, but the length of narrative or its individual episodes is not otherwise a factor in the definition of this genre.[35]

Pour Floyd, Ag passe de l'exhortation prophétique (2,3-9) à un compte-rendu d'une action prophétique symbolique (2,10-19), tout en intégrant les prophéties du salut (2,15-18) et de la promesse (2,20-23)[36]. Les parties narratives d'Ag, par des phrases complètes, annoncent les oracles, en décrivent les circonstances ou exposent la réaction au message prophétique. Il arrive qu'on y décèle le résumé d'une question à résoudre, ou alors le prophète y fait simplement le point sur un constat qui motive son discours. C'est le cas d'Ag 1,1-2a, et la même construction se rencontre en 2,1-3. N'est-ce pas pour préparer la situation compliquée que toute la prophétie va résoudre ? Dans la même étude, Floyd précise :

> In showing how Haggai's narrative introductions are not really analogous to the superscriptions of other prophetic books, we have also developed an alternative to the theory that they provide an editorial framework for Haggai's prophetic speeches. In this text the reporting words of the narrator and the reported words of the prophet together make up a particular type of narration designed to limit and yet also muddle the difference between these two roles.[37]

Avec une telle approche, la question n'est plus posée du côté du prophète comme tel, mais plutôt du côté des oracles en relation avec les textes narratifs qui les accompagnent. Ainsi, le genre de ce livre est à chercher dans les points de vue et du narrateur, et du prophète, dans ce qu'ils disent. La composition littéraire de ce texte révèle une symbiose communicationnelle (*symbiosis*)[38] entre le prophète, YHWH et les destinataires du message. Cette symbiose connote une forte intégration du message permettant de découvrir quel type de relation langagière noue le prophète avec YHWH et son peuple.

---

[34] G. AUZOU, *La tradition biblique. Histoire des écrits sacrés du peuple de Dieu*, (Connaissance de la Bible, 2), Paris, Éditions de l'Orante, 1957, p. 238.

[35] M.H. FLOYD, *Minor Prophets* (Part 2) (FOTL, XXII), Grand Rapids, Eerdmans, 2000, p. 262.

[36] FLOYD, *Minor Prophets* (Part 2), p. 285-295.

[37] M.H. FLOYD, « The Nature of the Narrative and the Evidence of Redaction in Haggai », dans *VT* 45 (1995), p. 482.

[38] Le mot est de FLOYD, *The Nature of the Narrative*, p. 483.

Ajoutons également que le texte se transmet par des mots ou leurs synonymes dans les discours. À partir de 2,15 par exemple, nous pouvons voir le mot *maison* (בית) qui est remplacé par le mot *temple* (היכל). Le cas n'est pas unique ; le tableau suivant reprend d'autres cas qui confirment cette écriture :

Significations	**Ag**	**Formes**
Sol : lié aux mots 'peuple' ou 'ciel'. Terre : lié à l'insuffisance dans les champs.	1,11	אֶרֶץ, et אֲדָמָה
Travail ou réalisation humaine	1,11	כָּל־יְגִיעַ כַּפָּיִם
	1,14	מְלָאכָה
	2,14.17[39]	כָּל־מַעֲשֵׂה יְדֵיהֶם

Le rédacteur ne cherche pas à éviter les répétitions. Les changements de vocabulaire témoignent d'une histoire rédactionnelle quasi complexe et révèlent l'attention portée par un auteur soucieux du style et de la forme du texte. Cette technique procure une certaine harmonie au texte et permet de penser à une organisation textuelle tenant compte de la fluidité littéraire et de la recherche du pittoresque. Cette façon d'écrire a beaucoup inspiré les travaux du professeur D.L. Christensen (1992) sur Ag comme prosodie[40]. Son propos rejoint celui de P.A. Verhoef[41] au sujet de la prophétie comme prose rythmée, comportant bon nombre de traits poétiques. De fait, des études comme celle de D. Petersen (1984)[42], inspirées de la présentation du texte de la BHS et de Horst, divisent le texte en Ag 1,9-11 ; 2,6-9.10-14.15-19 comme prose pure, et Ag 1,3-6.8 ; 2,4-5.21-23 comme répondant à une certaine métrique et donc se présentant comme une construction rythmée.

1.3. *Cohésion et unité littéraires*

Nous avons déjà signalé que le mouvement de recherche initié par Bloomardt, North, Ackroyd, Beuken, Mason et Tollington considère le livre en

---

[39] M.A. SWEENEY, « The Twelve Prophets (Micah, Nahum, Habakkuk, Zephaniah, Haggai, Zechariah, Malachi) », dans J.T. WALSH, C. FRANKE et D.W. COTTER (éds), *Studies in Hebrew Narrative & Poetry* (Berit Olam), Collegeville, The Liturgical Press, 2000, p. 542, écrit : « *The report in verse 14b that they 'came' and 'did' the 'work' employs the term 'mĕlā'kâ, 'work', which can refer to any occupation, but is employed elsewhere to describe the work on the Temple (Kgs 5:30), the tabernacle and its furnishings (Exod 36:2); and general priestly service (2Chr 29:34)* ». Ce mot aide à penser que le texte appartient à la tradition du temple ou l'inscrit dans un contexte cultuel.

[40] D.L. CHRISTENSEN, *Haggai 1:15-2:9. Translation, Logoprosidic, Analysis and Observations*, article publié le 3 août 2006, en ligne sur : www.bibal.net, 9 p. [consulté le 6 juillet 2013].

[41] P.A. VERHOEF, *The Books of Haggai and Malachi* (NICOT), Grand Rapids, Eerdmans, 1986, p. 17-18.

[42] D.L. PETERSEN, *Haggai and Zechariah 1-8. A Commentary* (OTL), London, SCM Press, 1984, p. 32.

ses différentes parties. Dans leur travail, la cohésion est perçue dans la limite des sections qu'ils étudient. Cependant, d'autres perspectives s'intéressent à l'unité littéraire du livre dans sa totalité. De ce point de vue, les travaux de Petersen (1984)[43] et de C.L. et E.M. Meyers (1987)[44] marquent un tournant important. Pour ces exégètes, l'unité est à rechercher dans le genre et les thèmes. La prophétie est écrite sur un modèle littéraire de compte-rendu, et tous les éléments textuels servent ce modèle.

J. Kessler (2002)[45] reconnaît, lui aussi, la cohésion et l'art dans la composition du livre ; il précise, en outre, que le livre adopte un genre hybride entre histoire (narration) et prophétie. Par ses recherches, cet auteur, comme M.J. Boda (2000)[46], est l'un de ceux qui défendent l'autonomie d'Ag. « *The Book of Haggai may be read as a document produced between 520 and 515 BCE, which may legitimately be read as a literary unit, reflecting a generally unified perspective* »[47]. Il se place ainsi aux antipodes de tous ceux qui considèrent qu'Ag serait à la base des travaux de rédaction de Za, ou comme précédant Za dont la partie chronologique s'appuierait sur Ag.

J. Kessler, au contraire, dénie l'existence d'un corpus Ag-Za dans le recueil des Douze Petits Prophètes. À considérer les éléments communs à ces deux livres, les possibles ressemblances résulteraient plutôt d'une façon d'écrire propre à l'époque postexilique, et pour lui, la différence entre Ag et d'autres livres prophétiques est aussi formelle que thématique.

---

[43] PETERSEN, *Haggai and Zechariah 1-8*, 1984.

[44] C.L. MEYERS and E.M. MEYERS, *Haggai,Zechariah 1-8* (AB, 25 B), New-York, Doubleday, 1987.

[45] J. KESSLER, *The Book of Haggai*, p. 56-57. Le corpus Ag-Za a été étudié par J. WÖHRLE, « The Formation and Intention of the Haggai-Zecharian Corpus », dans *JHS* 6 (2006), doi : 10.5508, article en ligne sur : http://www.jhsonline.org, 14 p. [consulté le 3 juillet 2013]. Cet auteur souligne la part d'un chroniste chez Ag tandis que chez Za, il parle des mots d'un rédacteur. S. SYCKES, « Time and Place in Haggai-Zechariah 1-8 : A Bakhtinian Analysis of a Prophetic Chronicle », dans *JSOT* 76 (1997), p. 97-124, pense plutôt que le texte est construit sur le modèle des décrets royaux de Babylone. La différence se joue au niveau du peuple qui agit pour Dieu et non pour un roi dans l'édification d'un temple et non d'une ville. Et même si un lieu peut recevoir un poids dans la prophétie, c'est en fonction du temple qui y est ou y sera édifié.

[46] M.J. BODA, *Haggai: Master Rhetorician,* dans *TynB* 51 (2000), p. 295-304.

[47] KESSLER, *The Book of Haggai*, p. 57. Et bien avant H.G. MITCHELL, *A Critical and Exegetical Commentary on Haggai and Zechariah* (ICC), Edinburg, Morrison & Gibb Limited, 1912, p. 31 écrivait déjà : « *...its unity as a literary production is perfectly defensible...* ». Et J.D. NOGALSKI, *The Book of the Twelve Micah-Malachi* (Smyth & Helwys Bible Commentary, 18 b), Georgia, Smyth & Helwys Publishing Incorporated, 2011, p. 763, ajoute : « *The book* (Ag), *while a composite of several dated speeches, exhibits an impression of unity* ».

Le texte massorétique[48] d'Ag n'est ni un fragment ni un rapiéçage de mots. Tout en manifestant une certaine unité, le livre est composé d'une œuvre à deux voix : celle du prophète dans les oracles et celle du narrateur dans les formules d'introduction et les parties en forme de récit. Ces deux registres internes au message n'altèrent pas la perception de l'unité de l'œuvre, même si certains auteurs continuent à qualifier son style de « barbare ». La rédaction n'a pas été systématique même si d'autres (Kessler et les Meyers) pensent que l'œuvre fut produite d'une seule traite. Plusieurs (Beuken, Ackroyd, Mason, Wolff, Petersen) y distinguent « *au moins deux strates littéraires* »[49]. Les formules d'introduction et autres éléments narratifs, souvent classés comme ajouts textuels, n'ont pas le but de compartimenter le texte prophétique, mais servent à justifier l'ensemble comme une unité cohérente et harmonieuse. Nous pensons que le livre est un tout indivis et que les variations internes plaident plutôt pour une histoire rédactionnelle plus ou moins complexe. Laisser à part certains morceaux, ce serait le mutiler et ne pas respecter son unité car la construction de chaque partie participe à la cohérence interne.

1.4. *Critique textuelle*[50] *du livret d'Aggée*

Voici ce que R.L. Smith dit de l'état actuel du texte : « *The text is in a fairly good state of preservation* »[51]. En dépit de quelques variations rencontrées dans les leçons proto-massorétiques, le texte massorétique d'Aggée se trouve dans un assez bon état. Quelques variantes textuelles présentent des difficultés d'interprétation mais n'altèrent pas le sens général du texte. Le répertoire de D. Barthélemy[52], la synthèse d'un travail fait en comité, analyse les leçons difficiles et leur confère des coefficients qui permettent d'affirmer que le texte est effectivement dans un bon état. Ces coefficients nous aident aussi à préciser que

---

[48] Pour la lecture d'Ag, nous suivons le texte hébreu de la BHS et de la BHQ. Pour la BHQ [A. GELSTON (éd.), *The Twelve Minor Prophets* (Biblia Hebraica Quinta, 13), quinta editio cum apparatus critic novis curis elaborato, Stuttgart, Deutsche Bibelgesellschaft, 2010]. Pour les textes bibliques en dehors de la prophétie d'Aggée, nous citons *La Bible de Jérusalem* (2009). Pour la traduction du texte d'Aggée, nous avons utilisé la version de F. DE HAES, *Le rouleau des Douze Prophètes d'Israël et de Juda* (LR, 39), Bruxelles, Lessius, 2012, p. 281-295.

[49] J.-D. MACCHI, « Aggée », dans Th. RÖMER, J.-D. MACCHI et Ch.L. NIHAN, *Introduction à l'Ancien Testament* (MoBi, 49), Genève, Labor et Fides, 2009, p. 535.

[50] Nous pensons que la critique textuelle permet d'observer la cohérence propre à une tradition textuelle.

[51] R.L. SMITH, *Micah-Malachi* (WBC, 32), Waco, Word Books, 1984, p. 149.

[52] D. BARTHÉLEMY, *Critique textuelle de l'Ancien Testament. Ézéchiel, Daniel et les 12 Prophètes* (OBO 50,3), Fribourg, Éditions Universitaires (Vandenhoeck & Ruprecht), Göttingen, 1992, p. 923-934.

le texte, dans son état actuel, peut être étudié et analysé, à partir de critères plausibles. Ci-après, nous avons un relevé de certaines de ces leçons avec leurs appréciations :

Ag	Formes	Justifications	Coefficients de certitude
1,2	עֶת־בָּא	Fausse interprétation due à l'isolement absolu du texte majoritaire.	{C}
1,10	עֲלֵיכֶם	Sens local circonscrit. Il y a lieu de penser à deux haplographies en sens inverse.	{C}
1,10	מִטָּל	Un sens exclusif de *min* : « il n'y a pas de rosée ».	{A}
1,11	אֲשֶׁר	Absence du mot *kol* pour éviter un ajout : « et sur ce que le sol produit ».	{A}
2,5	אֶת	Particule de présentation : effet d'une initiative littéraire.	{B}
2,6	מְעַט הִיא	Le féminin signifie 'un délai'. C'est un usage attesté.	{B}
2,16	מִהְיוֹתָם	Style propre à Ag 1,4.9/2,19. Nous avons ici un usage de *min* avant le verbe. Sens : *en quel état.*	{C}
2,16	פּוּרָה	Mot difficile à interpréter. On s'accorde pour lui donner le sens de *foulage de raisins*.	{B}
2,17	אֶתְכֶם	Comme en 2,5 au sujet de אֶת	{A}
2,17	וְאֵין־אֶתְכֶם אֵלַי	Assimilation au parallèle en Am 4,9.	{B}
2,19	הַזֶּרַע	Leçon majoritaire.	{B}
2,19	ועד	Isolement de la leçon majoritaire.	{C}
2,22	מַמְלָכוֹת	Accident textuel.	{A}

Ces coefficients de certitude montrent qu'aucune version insatisfaisante du texte n'a été éditée.

La synopse de la *Biblia Qumranica*[53], dans le volume consacré aux Petits Prophètes, présente les différentes leçons retrouvées dans le 4QXII[b], le 4QXII[e], le MurXII en comparaison avec la Septante et le Texte Massorétique. Il y a des glissements dans la transcription du nom Daryawèsh דריוש précédé de la

[53] R.E. FULLER et J.T. MILIK, « Haggai. Represented by Septuagint, 4QXII[b], 4QXII[e], MurXII, Masoretic Text », dans B. EGO, A. LANGE, H. LICHTENBERGER et K. DE TROYER (éds), *Minors Prophets* (Biblia Qumranica, 3B), Leiden-Boston, Brill, 2005, p. 158-167. Leur document est enrichi par une présentation des textes selon les différentes grottes et les fragments retrouvés : R.E. FULLER et al., « The Twelve Minor Prophets », dans E. ULRICH (éd.), *The Biblical Qumran Scrolls. Transcriptions and Textual Variants* (VTS. The Text of the Bible at Qumran, 134), Leiden-Boston, Brill, 2010, p. 618-619. R.E. FULLER, « Textual Issues for an Edition of the Minor Prophets », dans A.P. OTERO et P.A. TORIJANO MORALES (éds), *The Text of the Hebrew Bible and Its Editions* (Supplements to the Textual History of the Bible, 1), Leiden-Boston, Brill, 2017, p. 413-427.

préposition ל. Cela semble être une marque de l'évolution de la langue ou d'une différence dans l'usage de la langue en différents milieux. Les éditeurs de cette synopse omettent les passages 2,9.11, faute d'attestation à Qumran. Et par endroit, cette anthologie des textes signale la présence de lignes vides et des blancs dans les manuscrits, ou simplement des fragments : le fragment 3 de 4QXII[b] contient So 3,19-Ag 1,1-2 ; ses fragments 4 et 5 ont Ag 2,2-4 ; et les fragments 1 et 2 de 4QXII[e] font apparaître quelques mots qu'on retrouve respectivement en Ag 2,18-19 et Ag 2,20-21. Le MurXII signale un vide dans la ligne pour 1,14 et 2,5 et un blanc pour des passages 1,2.6.15 ; 2,13.19.23 tandis que le 4QXII[e] fait voir un vide à l'intérieur de la ligne pour 2,20. Le texte se trouve en fragments sur certains manuscrits. Mais sa présence sur les mêmes fragments ne fonde pas l'hypothèse qu'il existerait un unique livre des Douze contenant également le texte d'Aggée, c'est ce que montre l'étude de P. Guillaume[54]. De même, A. Paul[55] signale l'absence des textes d'Aggée et de Malachie sur le rouleau en grec trouvé à Naḥal Ḥever.

En prenant le texte massorétique en parallèle à celui de la Septante, on constate un certain nombre d'omissions, d'additions et de différences. La Vulgate, quant à elle, n'a pas de v. 15 au premier chapitre. Le texte est attaché à 2,1 qui comprend directement deux parties. C'est ainsi que le chapitre deuxième a 24 versets. Nous pensons que ces variations textuelles, plutôt que d'altérer le texte, en éclairent les diverses interprétations et compréhensions. En conséquence, la qualité du TM nous semble faire de cette forme du texte une base fiable pour étudier la structure du livre.

2. Marqueurs d'unité et d'autonomie du livret d'Aggée

2.1. *Rhétorique du texte*[56]

Les discours d'Ag sont de trois sortes : discours de reproche (accent sur un mauvais choix dans les priorités, mauvaise considération du présent influencée

---

[54] P. GUILLAUME, « A Reconsideration of Manuscripts Classified as Scrolls of the Twelve Minor Prophets (XII) », dans *JHS* 7 (2009), article en ligne sur : http://www.jhsonline.org et http://purl.org/jhs, 12 p. [consulté le 25 mars 2014].

[55] A. PAUL, *La Bible avant la Bible. La grande révélation des manuscrits de la Mer Morte,* Paris, Cerf, 2005, p. 119.

[56] Nous trouvons un appui à ce relevé des éléments de la rhétorique aggéenne dans l'article de M.J. BODA, « Haggai : Master Rhetorician », p. 295-304. Sur la même question, voir E.R. WENDLAND, *Prophetic Rhetoric : Case Studies in Text Analysis and Translation*, Longwood, Xulon Press, 2009, p. 93-118 ;

par les anciens souvenirs, urgence et importance du temps présent pour agir), discours d'encouragement (accent sur la présence de YHWH auprès de son peuple pour réveiller la confiance) et discours de réhabilitation (accent sur la bénédiction et l'élection). Ces discours suivent un schéma identique : introduction, corps du discours et conclusion. Le message passe par des répétitions, des interrogations rhétoriques, une expressivité logique, harmonieuse et incisive.

2.1.1. Des répétitions ou reprises

Le phénomène des répétitions n'est pas absent de la prophétie. Les répétitions sont verbales et phonétiques ou sonores (homogénéité sonore : frémissement poétique)[57]. Boda[58] les considère, à juste titre, comme faisant partie des éléments récurrents du livre. Selon lui,

> This prophet struggled with the issue of the authority and authenticity of his prophetic words at least once during his career. If this is the cause of these higher percentages, it appears that, on the level of rhetoric, the constant interjection of messenger formulae may be evidence of a desire to assure the hearers that God is speaking.[59]

Et pour P.A. Verhoef,

> The repetition of the messenger formula probably served a rhetorical purpose, to emphasize the fact that God did not leave himself without witness in the actual situation of his people, or else to prevent the people from regarding their own argument (v. 2) as the word of God.[60]

La répétition joue plusieurs rôles dans le texte. Elle permet de voir la symétrie en Ag 2,14 et Ag 2,17 portant sur l'expression « l'œuvre de vos

---

[57] C.L. MEYERS et E.M. MEYERS, *Haggai, Zechariah 1-8. A New Translation with Introduction and Commentary* (AB, 25B), New York, Doubleday, 1987, p. 60. C'est le cas d'Ag 2,16 et 17. Les Meyers disent : « *Verse 16 is difficult because of its elliptic, semipoetic character* ». S'agissant de la dernière partie du v. 17, ils traduisent : « *but nothing (brought) you to me* ». Et ils font remarquer que : « *This phrase is among the most difficult in Haggai* ». Ces deux versets font allusion à la section Ag 1,6.9-11. Nous avons l'expression de la même matière et du même défi dans la composition littéraire. La difficulté langagière est proportionnelle à la réalité que les mots transmettent dans le texte : il s'opère un passage possible du texte à la situation.

[58] M.J. BODA, « Haggai : Master Rhetorician », p. 259-304. À cette étude, il faut joindre également l'article d'E. ASSIS, « Composition, Rhetoric and Theology in Haggai 1:1-11 », dans *The JHS* 7 (2009), en ligne sur : http://www.jhsonline.org, 14 p. [consulté le 5 juillet 2013].

[59] BODA, « Haggai : Master Rhetorician », p. 299.

[60] P.A. VERHOEF, *The Books of Haggai and Malachi*, p. 57. Nous pouvons lire cela dans son commentaire sur Ag 1,3. La formule donne du poids au message dans ce contexte de remise en question et de recentrement sur l'essentiel.

mains ». La présence de l'aspect circonstanciel en Ag 2,9.19 (le lieu de la paix et le jour de la bénédiction) nous conduit à penser que le lieu de la paix est également le lieu de la présence de YHWH, et le jour de la bénédiction est aussi le jour de sa présence. La flexibilité et la dynamique dans le langage en cette partie du texte font penser à un lieu et un temps pour le peuple avec YHWH. À ce propos, J.M. O'Brien ajoute :

> Commentators such as Mason (1977) have viewed much of Haggai's repetitive language as a clue to the book's compositional history, but perhaps even more interesting is its effect on the reader of the book's final form. As a result of its repetitive language especially in describing the activity of Haggai, the book becomes self-consciously prophetic: few books in the canon draw so much attention to the prophetic nature of the material. Ironically, this hyper prophetic language itself raises the question of why its author or editor felt the need to stress the book's prophetic character.[61]

Ce tableau reprend quelques exemples de répétitions (reprises) :

Expressions répétées	**Fréquences**	**Ag**
Parler, dire	26 fois	1,1.2^{3}.3.5.7.8.12.13^{2} ; 2,1.2^{2}.6.7.9.10.11^{2}.12.13^{2}.14.20.21
YHWH des Armées	14 fois	1,2.5.7.9.14 ; 2,4.6.7.8.9^{2}.11.23^{2}
Oracle de YHWH	12 fois	1,9.13 ; 2,4^{3}.8.9.14.17.23^{3}
Maison	11 fois	1,2.4^{2}.8.9^{3}.14 ; 2,3.7.9
Fils	10 fois	1,1^{2}.12^{2}.14^{2} ; 2,2^{2}.4.23
Jour	8 fois	1,1.15 ; 2,15.18^{3}.19.23
Peuple	8 fois	1,2.12^{2}.13.14 ; 2,2.4.14
Prêtre	8 fois	1,1.12.14 ; 2,2.4.11.12.13
Placer	7 fois	1,5.7 ; 2,15^{2}.18^{2}.23
Ainsi parle YHWH	5 fois	1,2.5.7 ; 2,6.11
Cœur	5 fois	1,5.7 ; 2,15.18^{2}
Parole de YHWH	5 fois	1,1.3 ; 2,1.10.20
Prophète	5 fois	1,1.3.12 ; 2.1.10
Année	4 fois	1,1.15 ; 2,10.20
Esprit	4 fois	1,14^{3} ; 2,5
Gouverneur	4 fois	1,1.14 ; 2,2.21
Reste	4 fois	1,12.14 ; 2,2.3
Temps	3 fois	1,2^{2}.4

Le phénomène de répétition fait ressortir les éléments essentiels du texte. La répétition met en évidence la parole de YHWH par les formules « *Ainsi parle YHWH* », « *Parole de YHWH* », « *oracle de YHWH* » qui soulignent l'importance de la parole. En voici quelques références reprenant la formule du messager comme un refrain dans le livre :

---

[61] J.M. O'BRIEN, *Nahum, Habakkuk, Zephaniah, Haggai, Zechariah, Malachi* (OTC), Nashville, Abingdon Press, 2004, p. 132.

Ag (et place de la formule)[62]	**Formules du messager : « Ainsi dit YHWH » ou « Dis à » – « dit YHWH... » ou « il y eut une parole... »** Les versets sans occurrence des formules du messager sont indiqués entre crochets *[...]*.
1,1b-2 (en début) 1,3-4 (tout le verset 3) 1,5-6 (en début du verset 5) 1,7 (en début) et 1,8 (en finale) 1,9-11 (au milieu du verset 9) 1,13 (en finale)	Et il y eut une parole de YHWH... Ainsi dit YHWH des Armées pour dire : 3. Et il y eut une parole de YHWH..., pour dire : *[4]* 5. ... ainsi dit YHWH des Armées... *[6]*. 7. Ainsi dit YHWH des Armées : ... 8 ... dit YHWH. 9. ...oracle de YHWH des Armées ? ... *[10.11]*. 13. ... oracle de YHWH.
2,1-3 (en début) 2,4-5 (trois fois la formule) 2,6-9 (en début, au milieu et en finale)	1. Il y eut une parole..., pour dire 2. Dis, s'il te plaît, à Zerubbabel, ... *[3]* 4. ... oracle de YHWH ! ... oracle de YHWH des Armées ! ...oracle de YHWH ! *[5]* 6. Car ainsi dit YHWH des Armées ... 7. ..., dit YHWH des Armées. 8. ..., oracle de YHWH des Armées. 9. ... dit YHWH des Armées ..., oracle de YHWH des Armées.
2,10-19 (au début, au v. 14 et au v. 17)	10. Il y eut une parole de YHWH... pour dire : 11. Ainsi dit YHWH des Armées ... *[12.13]* 14. ..., oracle de YHWH, ... *[15.16]* 17. ..., oracle de YHWH *[18.19]*
2,20-23 (au début, au milieu et à la fin)	20. Il y eut une parole... 21. Dis à Zerubbabel, ..., pour dire ... *[22]* 23. ..., oracle de YHWH des Armées, ..., oracle de YHWH, ..., oracle de YHWH des Armées !

Cette présentation pourrait donner l'impression que nous nous trouvons face à une œuvre comportant des *strates* juxtaposées sans unité. Mais nous verrons que ces formules et tant d'autres répondent à une logique interne et formelle qui accompagne le discours prophétique. Les cinq expressions « Il y eut parole... au jour » donnent de visualiser les cinq principaux messages prophétiques (1,1 ; 1,15 ; 2,1 ; 2,10 et 2,20).

Voici d'autres illustrations du phénomène de répétition : les mots *prophète, prêtre, peuple* reviennent pour indiquer les acteurs réels dans la vie sociale et cultuelle. L'expression « *YHWH des Armées* », par 12 fois, marque la présence souveraine d'Adonaï. La répétition du mot « temps (*'et*) » montre, d'une certaine manière, l'avènement d'un temps nouveau permettant de relire ce que l'on fait du moment présent en vue de *l'avenir* et avec le passé comme miroir sur le cours des choses. Les insistances, marquées par la répétition et la symétrie y afférente, donnent au texte d'Aggée sa touche spécifique. Dans ces reprises, la présence ou l'omission d'un élément est porteuse de sens. Et avec Boda, il est juste d'affirmer :

[62] Même si cette expression ne peut pas être à elle seule structurante pour les oracles, elle nous paraît marquer une progression dans les oracles d'Ag. Elle tient lieu d'un refrain, c'est-à-dire un élément rythmant le discours prophétique.

> Haggai is a masterful rhetorician. He consistently expresses his words in ways accommodating to his audience. One consistent value for Haggai, displayed in many of techniques he employs, is that of not allowing the audience from the outset to know where his message is going until it is absolutely necessary. This successfully creates a greater impact on them when the message is clarified. Although the prophet among the Book of the Twelve with the fewest words, save Jonah, Haggai takes his place among the prophetic tradition as one of their greatest rhetoricians. Among a generation questioning the validity and the future of the prophetic voice, Haggai bore witness for the Lord Almighty in creative and powerful ways.[63]

2.1.2. Choix et jeu de mots

Le choix des mots nous semble judicieux chez Ag. Il laisse transparaître l'attention portée aux faits. Ce choix fournit l'image de la scène ou de l'événement annoncé. Une réalité unique est parfois dite par deux mots qui sont particulièrement englobants. C'est le *cas* des expressions « ciel et terre », « mer et terre ferme » utilisées pour désigner l'univers entier. Ag 1,13 contient les mots « messager » et « mandature » qui dérivent du même radical hébraïque מלאך. Les jeux de mots sont relevés en Ag 1,4.9.11 sur l'équivalent hébreu pour « ruine » et « sécheresse » : nous avons la même racine חרב. Ces constructions sont bien agencées dans les discours. Elles renvoient à des procédés et des figures que nous signalons dans ce tableau :

Ag	Cas	Procédés et figures
1,10	Ciel et terre	Mérisme
1,13	Messager et mandature	Paronomase
1,9	Ruine, sécheresse	Jeu des mots
1,3.4	Pour vous vous-mêmes[64]	Emphase
1,2.4 ; 2,15.18	Le temps, le jour, pierre sur pierre	Insistance sur des mots
1,5.6.7.9.11.14 ; 2,4.6.7.14.15.18.22	Sons dominants par des répétitions	Allitérations
2,7	Et j'emplirai	Hyperbole

Selon la définition de L. Alonso-Schökel, « le mérisme est un cas spécial de synonymie […] Le mérisme réduit à deux membres une série complète ou bien il divise en deux moitiés *une* totalité »[65]. La paronomase est un rapprochement des mots apparentés ou faciles à confondre. Ces procédés et figures montrent qu'Ag répond à une construction harmonieuse, rythmée, ordonnée et bien organisée.

---

[63] M.J. BODA, « Haggai : Master Rhetorician », p. 303-304.

[64] C.L. MEYERS et E.M. MEYERS, *Haggai, Zechariah 1-8*, p. 23. Lire la remarque sur Ag 1,4.

[65] L. ALONSO-SCHÖKEL, *Manuel de poétique hébraïque* (LR, 41), Bruxelles, Lessius, 2013, p. 121.

2.1.3. Des interrogations rhétoriques

Cette notion caractérise la prophétie d'Aggée surtout lorsqu'on la subdivise en sermons[66]. La question rhétorique apparaît nettement dans trois sermons prophétiques sur les quatre que comporte le livre : Ag 1,3-9 ; 2,1-9 et 2,10-19. Nous avons au total huit questions. La question rhétorique est envisagée dans un contexte où l'interlocuteur est censé connaître la réponse même s'il ne dit rien. Sa réponse est bel et bien *in pectore*. *Comme* orateur, Aggée sait introduire en quelques mots plusieurs éléments. « *The result of this creative rhetoric is that the people are forced to think of the past, present and future simultaneously* ».[67] Cette façon de procéder rend ce texte bref, riche et susceptible d'être lu sous différents angles. Ces questions aident non seulement à envisager le résumé de la prophétie, mais lui donnent aussi toute sa vivacité discursive. Elles peuvent faire ressortir la dynamique prophético-théologique du texte.

Par la question rhétorique, Ag engage l'auditeur et en appelle constamment à la réflexion sur le message qui est plus profond que l'énoncé. La question suscite le jugement personnel et la *sympathie*, comme l'indique Boda[68]. Le schéma des sermons est le suivant : une question ou une série de questions suivies de réponses données par le prophète lui-même ou par ses interlocuteurs (cas des prêtres en 2,12-13). Le dialogue semble se dérouler à bâtons rompus. Ces réponses marquent la continuité dans le discours et rappellent des évidences supposées connues des interlocuteurs du prophète.

	Ag	**Questions**	**Réponses**
1	1,4	Le temps est-il pour vous-mêmes, vous d'habiter dans vos maisons lambrissées et quand cette maison est en ruine ?	1,5-8
2	1,9a	Se tourner beaucoup et voici pour peu et ce que vous avez ramené à la maison, j'ai soufflé sur cela. Pourquoi donc, oracle de YHWH des Armées ?	1,9b-11
3	2,3	Parmi vous le restant qui a vu cette maison, dans sa gloire la première ? Et comment la voyez-vous maintenant ? N'est-elle pas comme un rien à vos yeux ?	2,4-9
4	2,12a	Si un homme porte de la viande de consécration dans le pan de son vêtement et touche avec son pan au pain et au potage et au vin et à l'huile et à toute nourriture, est-ce que ce sera consacré ?	2,12b
5	2,13a	Et Aggée dit : Si touche un impur par contact avec un cadavre à toutes ces choses, est-ce que ce sera impur ?	2,13b
6	2,19	Est-ce qu'il y avait encore (de) la semence dans le grenier ?	2,17-19

[66] R.W. PIERCE, « A Thematic Development of the Haggai/Zechariah/Malachi Corpus », dans *JETS* 27 (1984), p. 401-411.
[67] M.J. BODA, « Haggai : Master Rhetorician », p. 303.
[68] BODA, « Haggai : Master Rhetorician », p. 299-300.

Seul le dernier sermon (2,20-23) ne contient pas d'interrogation. Il annonce une nouveauté ignorée du peuple, connue seulement dans le plan de Dieu. C'est une annonce directe, comme une communication d'informations.

2.1.4. Logique du langage et expressivité engageante

La logique se constate dans la précision, dans la succession chronologique et schématique (du général au particulier) des discours. Aggée use bien d'un langage incluant des oppositions (antithèses) et des appels à la réflexion. Dans le texte, l'évolution des idées passe par une logique en deux temps. Les mots coulent entre parole et appel à l'action, le constat sur la destruction et l'invitation à la construction, la considération de la ruine et de la pénurie avec une promesse d'abondance, de bénédiction et d'élection. Nous lisons en 2,17 et 19 : frapper et bénir, soit deux actions opposées pour présenter Dieu sous des aspects non maîtrisables dans l'histoire et les événements. La finale du texte est construite selon la même logique : nous avons l'élection du serviteur de YHWH après le renversement des ennemis (2,22-23).

Le prophète adapte son discours à son groupe d'auditeurs en insérant ses paroles dans le temps et les circonstances. Boda montre qu'Aggée joue sur le mot « temps » (1,2-4) et veut persuader en répétant l'expression idiomatique d'appel à la réflexion : « Placez vos cœurs sur vos chemins » (1,5.7 ; 2,15.18)[69]. La phrase courte et le ton incisif donnent à la parole prophétique une force performative.

2.2. *Plan du livret*

En tenant compte des suscriptions temporelles, quatre discours prophétiques constituent l'essentiel du livre. Le troisième et le quatrième discours ne forment pas un unique discours même s'ils débutent par une même souscription. À propos des thèmes principaux, nous avons :

I. Un reproche sur le désistement à continuer les travaux
II. Un appel à reprendre les travaux
III. Un enseignement ou une décision sur la pureté
IV. Une annonce de la bénédiction et de la réalisation des promesses

---

[69] M.J. BODA, « Haggai : Master Rhetorician », p. 301.

Dans les plans que nous avons trouvés, les discours portent des titres thématiques. Ces titres reprennent leur idée maîtresse ou leurs thèmes généraux. Le regroupement autour des suscriptions ou par thèmes donne une première possibilité de plan.

Dans ce contexte, T.L. Constable[70] circonscrit la prophétie de la manière suivante :

I. Appel à reconstruire la maison : 1,1-15
II. Promesse de la gloire/la splendeur future du Temple : 2,1-9
III. Promesse de la bénédiction future sur le peuple : 2,10-19
IV. Prophétie sur Zerubbabel (choix et promesse) : 2,20-23

La Bible de Crampon (1923), La Bible du peuple de Dieu (1972), La Bible de Chouraqui (1989), La Bible Pastorale (1997), La Bible d'Alexandrie (2007) et La Bible Segond (2010) suivent ce découpage en quatre parties.

En outre, une deuxième possibilité de plan apparaît si on applique au texte des critères de correspondance et de différence thématiques. Une attention, portée sur les variations internes, permet d'envisager deux autres schémas de lecture : l'un avec cinq parties et l'autre avec six. Pour un plan avec cinq parties, la partie I ci-dessus est considérée comme une unité à double genre : en séparant la partie narrative 1,12.14 des oracles, on obtient un groupe II avec 1,12-15. Voici ce nouveau schéma :

I. Oracle sur le désistement et l'appel à la prise de conscience : 1,1-11
II. La réponse du peuple : 1,12-15
III. Encouragement : 2,1-9
IV. État du peuple et promesse collective : 2,10-19
V. Promesse individuelle : 2,20-23.

Ce plan est celui de La Bible de Jérusalem (2009), de La Traduction Œcuménique de la Bible (2011) et de La Bible Liturgique (2013). Dans son commentaire sur Ag, J. Ferry (2010)[71] parle de cinq oracles datés.

Cependant, si l'on considère la partie IV comme comprenant deux unités avec 2,10-14 et 2,15-19, on obtient un autre schéma de lecture en six parties :

I. Oracle sur le désistement et l'appel à la prise de conscience : 1,1-11

---

[70] T.L. CONSTABLE, *Notes on Haggai*, édition de 2013, en ligne sur : http://www.soniclight.com/, p. 5 [consulté le 6 juillet 2013] ou https://www.planobiblechapel.org/tcon/notes/html/ot/haggai/haggai.htm pour l'édition de 2021 [consulté le 5 juin 2021].

[71] J. FERRY, « Le livre d'Aggée », dans J. ASURMENDI, J. FERRY, A. FOURNIER-BIDOZ et J. NIEUVIARTS, *Guide de lecture des prophètes,* Paris, Bayard, 2010, p. 564.

II. La réponse du peuple : 1,12-15
III. Encouragement : 2,1-9
IV. État du peuple : 2,10-14
V. Exhortation et promesse collective : 2,15-19
VI. Promesse individuelle : 2,20-23.

La recherche des correspondances littéraires au sein des différentes unités a suscité de l'intérêt pour l'étude au plan de la macrostructure. Cette démarche n'ignore pas les aspects thématiques et permet d'envisager différents schémas textuels. J. Kessler, corroborant les investigations menées en ce sens, nous en donne trois exemples :

> Baldwin divides the book into two cycles of three elements: (1) Accusation 1:1-11 and 2:10-17 ; (2) Response, 1:12-14 and 2:18-19 ; (3) Assurance of success, 2:1-9 and 2:20-23. Chary proposes two cycles of four corresponding elements: (1) Criticism addressed to the people, 1:1-5 and 2:10-14 ; (2) Reminder of material poverty 1:6-9 and 2:15-17 ; (3) Return to grace 1:12-14 and 2:18-19 ; (4) Messianic oracle 2:2-9 and 2:20-23. Peckham posits three units: (1) 1:1-15a; (2) 1:15b-2:9; (3) 2:10-23. He maintains that each unit 'rises to a crescendo and then ends as it begins' reflecting a pattern of denouement and inclusion. The first two sections consist of pairs of matching paragraphs, while the third, a later addition, does not.[72]

Et J. Kessler ajoute :

> In my view, an adequate structural analysis of Haggai must proceed from an understanding of the text as being comprised of four rather than three or five units. Thus, I view 1:12-15 as a narrative conclusion to 1:1-11 which, while distinct from it (as signaled by the movement from direct discourse to narration), must be considered as of a piece with it. Key terms link the two sections. These include בוא (1:2,14), בית (1:2,4,9,14), the divine name יהוה צבאות (1:2,5,7,14), the names and titles of prophet, governor, and high priest (1:1,12), the people (1:2,12,14) as well as a variety of thematic issues. Conversely, 2:20-23 must be distinguished from 2:10-19 and seen as a distinct periscope.[73]

Nous avons là une mise en évidence des thèmes et des mots phares du texte. Mais il convient de savoir comment la liaison peut être établie entre tous ces thèmes. J. Kessler nous éclaire en puisant dans l'étude de K. Koch qui a mis en évidence trois ensembles formels communs comme point de départ en vue d'une structure, à savoir : 1,3-9 ; 2,2-9 et 2,10-19. Dans ces trois ensembles, il perçoit une allusion faite à la situation présente (1,2-4 ; 2,2.11-13), une allusion au temps présent comme étant le moment décisif (1,5-6 ; 2,4-5.14) et la promesse du futur (1,7-8 ; 2,6-7.15-19)[74]. Cette étude, tout en éclairant les

---

[72] J. KESSLER, *The Book of Haggai*, p. 247.
[73] KESSLER, *The Book of Haggai*, p. 248.
[74] KESSLER, *The Book of Haggai*, p. 248.

péricopes étudiées, laisse toutefois dans l'ombre Ag 2,20-23. Cette dernière péricope, redisant une promesse future, est en lien avec Ag 2,6-9. Ainsi, alliant thèmes et correspondances internes, Kessler pense que le texte d'Aggée va du reproche (1,4-11) à la bénédiction (2,18-19), de l'humiliation (1,4-11 ; 2,15-17) à l'exaltation (2,6-9.20-23), de l'aliénation ou du rejet (1,2) à l'acceptation ou l'adhésion liée à la restauration (1,13-14 ; 2,5.18.23)[75].

Le texte d'Aggée dans La Bible d'Osty est réparti en sept parties où l'on considère le 1,1 comme une partie à part entière.

[75] KESSLER, *The Book of Haggai*, p. 251.

Les Meyers (1987) et É. Assis (2006)[76] répartissent le livre en deux unités : 1,1-2,9 et 2,10-23. Ce tableau permet de visualiser les « nœuds » survenant dans le texte :

Ag	**8 parties T. Chary (1969)**	**7 parties Bible d'Osty (1973)**	**6 parties Baldwin (1972)**	**5 parties B.J. (2009), TOB (2011), La Bible liturgique (2013)**	**5 parties L.R. Smith (1984)[77], Petersen (1984)**	**4 parties La Bible du peuple de Dieu (1972)**	**4 parties Chouraqui (1989), Bible pastorale (1997), Segond (2010)**	**3 parties B. Peckham (1993)**
1,1.	1,1-5 Critique contre le peuple	1,1 Titre	1,1-11 Accusation	1,1-15b Reconstruction du Temple	1,1-11 Reproche et exhortation	1,1-15a Considérez votre chemin	1,1-15b Bâtissez la maison	1,1-15a
2.		1,2-11 Reproches de YHWH						
3.								
4.								
5.								
6.	1,6-9 Rappel de la pauvreté matérielle							
7.								
8.								
9.								
10.								
11.								
12.	1,12-14 Retour à la grâce	1,12-15a Les chefs du peuple et le peuple, touchés, se mettent au travail	1,12-15b La réponse du peuple		1,12-15a La réponse du peuple			
13.								
14.								
15a.								
15b.		1,15b-2,9 La gloire du nouveau Temple			1,15b-2,9 Message d'encouragement	1,15b-2,9 Courage, je suis avec vous		1,15b-2,9
2,1.			2,1-9 Assurance	2,1-9 Gloire / splendeur dernière du Temple			2,1-9 La gloire de la maison	
2.	2,2-9 Oracle messianique							
3.								
4.								
5.								
6.								
7.								
8.								
9.								
10.	2,10-14 Critique contre le peuple	2,10-14 Consultation des prêtres	2,10-17 Accusation	2,10-14 Consultation des prêtres/sans obéissance tout est impur	2,10-19 Instruction et assurance	2,10-19 Ce qu'il offre ici est impur	2,10-19 Mettez votre cœur/appel à la pureté	2,10-23
11.								
12.								
13.								
14.								
15.	2,15-17 Pauvreté matérielle	2,15-19 À partir de ce jour, je bénis		2,15-19 Promesse de prospérité agricole/dans l'obéissance tout prospère				
16.								
17.								
18.	2,18-19 Retour à la grâce		2,18-19 Réponse					
19.								
20.	2,20-23 Oracle messianique	2,20-23 Protection divine assurée à Zerobabel	2,20-23 Assurance	2,20-23 Promesse à Zorobabel	2,20-23 Assurance pour Zerubbabel	2,20-23 Promesse à Zerubbabel	2,20-23 Comme un sceau/choix de Zorobabel	
21.								
22.								
23.								

[76] É. ASSIS, « Haggai : Structure and Meaning », dans *Bib.* 87 (2006), p. 531-533.

[77] R.L. SMITH, *Micah-Malachi* (Word Biblical Commentary, 32), Texas, Word Books, 1984, p. 146-163.

Il est vrai qu'en lisant Ag, on découvre des échos que le texte entretient avec ses différentes parties. Cependant, un classement des parties selon les thèmes peut facilement laisser dans l'ombre une subtilité de construction que seule l'analyse et l'approche formelles du texte peuvent faire apparaître. Nous pensons que ces approches thématiques devraient se doubler d'une entrée en matière par l'étude de la forme. Les mots sont à analyser et le texte est à suivre dans les détails.

2.3. *Éléments de structuration*

Dans cette catégorie, nous retenons les suscriptions et les adresses *(Wortereignisformel)* en début de chaque discours, et les formules du messager *(Botenformel)*[78] qui permettent de repérer une progression dans les oracles prophétiques[79].

2.3.1. Suscriptions

Le texte commence par une formule circonstancielle ou descriptive. Cette formule, variant tout au long des discours, est répétée quatre fois. A. Tony parle des suscriptions[80]. Ces formules sont denses et composées des dates et des noms de destinataires du discours prophétique d'Aggée. Les données temporelles limitent les discours, et la cohérence du message s'en trouve éclairée et renforcée. Voici comment le message s'inscrit dans le temps[81] :

Règne de Daryawèsh	**Année et mois**	**Jours**	**Ag**
2ème année	520, 6ème mois (août-septembre)	1er jour 29/08/520	1,1
		24e jour 21/09/520	1,15
	520, 7ème mois (octobre-novembre)	21e du mois 17/10/520	2,1
	520, 8ème-9ème mois (décembre-janvier)	24e jour 18/12/520	2,10
		24e jour 18/12/520	2,18
	Idem	24e jour 18/12/520	2,20

78 Nous traitons des « formules du messager » dans le point 2.1.1 de ce premier chapitre.

79 S. SYKES, *Time and Space in Haggai-Zechariah 1-8*, p. 113. Cette étude considère les huit premiers chapitres de Za comme une suite logique de la prophétie d'Aggée.

80 A. TONY, *Le prophète Aggée*, p. 31. Les suscriptions sont des introductions au discours.

81 R.W. PIERCE, « Litterary Connectors and a Haggai/Zechariah/Malachi Corpus », dans *JETS* 27 (1984), p. 279. E. ACHTEMEIER, *Nahum-Malachi* (Interpretation. A Bible Commentary for Teaching and Preaching), Louisville, John Knox Press, 1986, p. 93-105, insiste également sur cette datation des oracles. D'après ces commentaires, nous percevons que le texte comprend cinq sections. Chez E. Achtemeier (p. 94), Ag 1,15 est divisé en deux parties à l'atnah près. Elle rattache la partie b du verset au deuxième chapitre. C'est le cas aussi chez J.D. NOGALSKI, *The Book of the Twelve Micah-Malachi* (Smyth & Helwys Bible Commentary, 18 b), Georgia, Smyth & Helwys Publishing Incorporated, 2011, p. 761-802.

Ce tableau montre qu'Aggée a prononcé ses discours oraculaires pendant des moments-phares. Il saisit l'occasion de grandes festivités, une allusion possible à son nom חג *fête*, pour atteindre un plus grand nombre de personnes.

Tollington, dans un article récent, insiste également sur cet aspect :

> The date given in the opening verse thereby indicates that Haggai's prophecies began in the month of Elul. This corresponds to a period around August/September in our calendar, when harvest was approaching; but it was also the month which was understood as the last one of the year. Since the prophet makes reference to poor harvest in the oracles which follow, this date may recall the historical reality, although Hag 1:6,9-11 appears to focus on the experience of the recent past rather than on the forthcoming harvest.[82]

Les deux chapitres commencent par des suscriptions dont la densité littéraire est variée. Les formules introductives ne sont pas figées. Elles répondent à une certaine dynamique qui est visible dans quelques omissions de mots et des insertions inattendues comme en 1,15 pour un discours prophétique, et en 2,18. La reprise de la date en 2,18 est interne et n'indique pas un début ni une fin de message.

2.3.2. Importance des suscriptions

B.W. Swinburnson[83] voit dans ces formules introductives des éléments structurant le texte et utiles pour une analyse théologique. La densité des mots décroît dans ces incipits, comme le montre la comparaison entre 1,1 et 2,1.10.20. Les quatre dates marquent les débuts des parties ou des discours, même si le texte en 2,18 contient une formule temporelle qui peut le mettre en position parallèle à 1,15, une finale datée. La troisième date est ainsi reproduite trois fois et fait partie de la présentation de la quatrième formule en 2,20. À chaque date correspond un aspect particulier de la prophétie. Au sixième mois, le premier jour, il s'agit de la stimulation du peuple affairé à un autre travail que l'ouvrage de YHWH. Le sixième mois, le 24ème jour, le Seigneur annonce sa présence suite à la crainte du peuple (attitude sage des auditeurs-destinataires de la prophétie) et la reprise des travaux de reconstruction. Le septième mois, le 21ème jour, c'est l'encouragement, la promesse de la gloire future du Temple, après l'ébranlement des cieux et de la terre. Le neuvième mois, le 24ème jour annonce l'ébranlement

---

[82] J. TOLLINGTON, *Readings in Haggai*, p. 201.

[83] B.W. SWINBURNSON, « The Glory of the Later Temple : A Structural and Biblical-Theological Analysis of Haggai 2:1-9 », dans *JNTS* 23 (2008), p. 28-46.

des nations et l'établissement de Zerubbabel comme chef. À ce sujet, F. De Haes écrit :

> Dans le texte, la chronologie des actions du prophète est [...] d'une grande précision. Entre son premier appel et l'effet de celui-ci, à savoir la remise en route des travaux, s'écoule environ un mois (du 1er au 24e jour du 6e mois de l'an 2 de Darius) ; un autre mois sépare ensuite cet événement du second appel (on passe au 21e jour du 7e mois), enfin, à deux mois de là, le 24e jour du 9e mois (et cette date-là sera mentionnée jusqu'à trois fois), la re-fondation du temple est un fait, ce qui permet à YHWH de réaffirmer la présence de sa gloire et de conclure : '[...] à partir de ce jour, je bénirai'[84].

Plus encore, les incipits servent à l'appréciation de ce livre. Bien des exégètes les ont considérés comme des marqueurs de sens, de genre[85], d'origine et d'organisation des matériaux dans l'écrit. Nous suivrons les réflexions de ces trois auteurs : S. Sykes (1997)[86], Tollington et Floyd.

Sykes commence son article sur Ag et Za 1-8 en indiquant que les dates confèrent aux deux écrits une origine qu'on ne peut mieux situer que dans ce qu'il appelle '*Chronistic milieu*'. Dans son étude, Sykes utilise la théorie littéraire de Mikhaïl Bakthine pour comprendre l'enjeu prophétique et chroniste des dates en Ag et Za 1-8. Cette méthode circonscrit le texte dans ses limites littéraires. La démarche permet de distinguer dans le discours des éléments clairs (des frontières dans le langage, des formules d'attaque et d'attache) qui annoncent l'évolution et le changement de matière dans le discours. Et dans Ag, l'auteur distingue l'encadrement ou les limites des parties par des indicateurs de temps et des introductions au message qu'il nomme « chronotopes littéraires ». Ces chronotopes, limites spatio-temporelles des discours, sont des éléments importants pour déterminer sa structure, son genre et sa particularité.

---

[84] F. DE HAES, *Le rouleau des Douze Prophètes*, p. 284.

[85] E. BEN ZVI, « L'hypothèse d'un Livre des Douze est-elle possible du point de vue des lecteurs anciens ? », dans J.-D. MACCHI, Ch.L. NIHAN, Th. RÖMER et J. RÜCKL (éds), *Les recueils prophétiques de la Bible. Origines, milieux et contexte proche-oriental* (MoBi, 64), Genève, Labor et Fides, 2012, p. 407. L'auteur de cet article précise le rôle générique des suscriptions et leur importance dans l'établissement d'un livre prophétique comme un tout, une unité. Les suscriptions sont des marqueurs du genre.

[86] S. SYKES, « Time and Place in Haggai-Zechariah 1-8 : A Bakhtinian Analysis of a Prophetic Chronicle », dans *JSOT* 76 (1997), p. 97-124. L'article s'intéresse également à la question de la relation entre Ag et Za 1-8, question qui a occupé plus d'un chercheur. Deux orientations sont esquissées : la première pose la question d'un unique ou de deux livres différents sous la plume d'un identique rédacteur final. D'une part, C.L. et E.M. Meyers arguent qu'il s'agit là d'un même livre édité par un même dernier rédacteur. D'autre part, D. Peterson trouve que Za serait plutôt une réponse, un écho littéraire au livret d'Aggée. La seconde orientation, quant à elle, s'intéresse à la relation que ce type de prophéties-chroniques peut entretenir avec les autres chroniques du Proche-Orient Ancien.

Selon Tollington[87], les dates sont l'apport d'un rédacteur autre que l'auteur. Mais l'harmonie littéraire qui en ressort rend cette considération moins convaincante. Ces dates sont à placer parmi les indications fortes du texte et elles suscitent des questions. Leur présentation, avec d'autres éléments ou non, a orienté la lecture de beaucoup qui y ont trouvé un indicateur incontournable de structure.

Dans une autre étude, Floyd examine les suscriptions d'Ag en les comparant du point de vue littéraire et linguistique avec les autres suscriptions des livres prophétiques. Il constate une grande différence même si des éléments de ressemblance formelle ne manquent pas d'apparaître : par exemple, la formule *bĕyad* (1,1 et 2,1) ou *'el* (2,10.20) qui signifie que le prophète est un intermédiaire dans la transmission de la Révélation. Selon lui, ces suscriptions participent à la narration et à la découverte d'une structure d'Ag. Voici ce qu'il dit :

> Despite all their comparability with respect to such linguistic components, Haggai's introductions differ from prophetic superscriptions in the way these components are arranged to form their basic linguistic structure. In contrast with superscriptions, which have the form of an incomplete sentence, the introductions in Haggai are all complete sentences (cf. Tucker [n. 8], p. 59, n. 6).[88]

Et il ajoute :

> Because Haggai's introductions have a linguistic form that is fundamentally different from the linguistic form of prophetic superscriptions, they also have a qualitatively different function in relation to the prophecies they precede [...] The function of the introductions in Haggai is different in every respect. As complete sentences they not only introduce, they also narrate.[89]

Le point de vue de cet auteur est donc qu'Ag doit être envisagé non seulement dans son entièreté, mais aussi dans toutes ses composantes.

---

[87] J. TOLLINGTON, « Readings in Haggai: From the Prophet to the Completed Book, a Changing Message in Changing Times », dans B. BECKING et M.C.A. KORPEL (éds), *The Crisis of Israelite Religion. Transformation of Religious Tradition in Exilic and Post-Exilic Times* (Old Testament Studies, 42), Leiden, Brill, 1999, p. 194-208.

[88] M. H. FLOYD, « The Nature of the Narrative and the Evidence of Redaction in Haggai », dans *VT* 45 (1995), p. 476.

[89] FLOYD, « The Nature of the Narrative and the Evidence of Redaction in Haggai », (1995), p. 476.

2.4. *Structures : symétrie concentrique, parallèle inversé et parallèle simple*

Beaucoup d'exégètes, analysant seulement des péricopes particulières, ont vu en Ag une construction à structures variées alors que la tentative récente d'étudier le livre dans son ensemble a permis de découvrir d'intéressants rapports entre les quatre discours. Trois horizons se dessinent chez les auteurs lorsqu'ils envisagent une structure du livre : une structure de type concentrique, une construction en parallélisme inversé et une symétrie en parallélisme simple.

2.4.1. Structure concentrique

Dans une structure concentrique, les sections sont disposées de manière symétrique autour d'un axe ou d'un sommet. Cet axe en est l'élément central. Au sujet de ce concentrisme, quelques études méritent d'être signalées.

Soutenant que le livret s'articule en cinq parties, Ph. Abadie écrit que « *le cadre rédactionnel tardif du livret permet de distinguer de manière chronologique (moyennant cependant un déplacement) cinq oracles, groupés deux par deux autour d'un élément central* »[90]. Voici l'organisation telle qu'il la présente :

a	1,1-14	Dénonciation des délais de reconstruction du Temple
a'	1,15a + 2,15-19	Promesse de prospérité liée à la reconstruction du Temple
b	1,15b + 2,1-9	*La gloire du Temple futur*
c	2,10-14	Dénonciation du culte impur
c'	2,20-23	Promesse messianique liée à Zorobabel, reconstruction du Temple.

La section (b) est la plaque tournante interne à la prophétie, selon Ph. Abadie. (a) et (c) sont des dénonciations, des reproches. Les assertions (a') et (c') sont des annonces de promesse. Deux fois, le prophète fait des reproches et, par deux fois également, il encourage et annonce des temps meilleurs. Ce premier modèle ne donne pas une place particulière aux suscriptions.

---

[90] Ph. ABADIE, « Les retours d'exil et la reconstruction du Temple », dans M. QUESNEL et P. GRUSON (éds), *La Bible et sa culture : Ancien Testament,* Paris, Desclée de Brouwer, 2000, p. 342.

J. Ferry (2010) opte également pour la structure concentrique[91] mais selon une répartition différente : son étude divise le texte en oracles et récits encadrés par un prologue et un épilogue. Voici sa formalisation :

A	1,1	*Prologue*	Parole adressée à Zorobabel et à Josué.
B	1,2-11	*Oracle*	Il est temps de reconstruire le Temple ; alors la famine disparaîtra.
C	1,12-15	*Récit*	La parole est entendue. Début de la reconstruction.
D	2,1-9	*Oracle*	La gloire du nouveau Temple.
C'	2,10-13	*Récit*	Geste symbolique : la sainteté ne se communique pas.
B'	2,14-19	*Oracle*	Aujourd'hui, les travaux ont commencé, la famine a disparu.
A'	2,20-23	*Épilogue*	Parole adressée à Zorobabel.

Cette répartition en récits et oracles fait problème au niveau C car le v. 13 est un oracle placé au milieu de deux tours narratifs. Les incipits à l'intérieur des discours ne sont pas considérés de la même manière. En A, il s'agit d'un prologue, en D la souscription est prise comme faisant partie de l'oracle tandis qu'en C', elle est prise du côté du récit. Ainsi, ces divers positionnements placent sous la rubrique *récit* des passages qui devaient être pris pour *oracle* et vice versa.

Un autre exemple de structure concentrique vient des travaux de D.L. Christensen lorsqu'il applique les règles de la prosodie au texte d'Aggée[92]. Il fait une analyse arithmétique sur le rythme de 1,15-2,9 et 2,10-23 en comptant les mots tels qu'ils sont écrits avec des signes de disjonction dans les unités littéraires. Voici une visualisation[93] des 7 strophes de 1,15-2,9 :

A	1:15-2:1	2 balanced dyads[94] + pivot	[20 + 13] + 6 + [12 + (10 + 13)]	= 20 + 13 + 18	morae[95]
B	2:2	balanced dyad + pivot	[23 + 16 + (10 + 15)]	= 23 + 16 + 25	morae
C	2:3	2 balanced dyads	[9 + 24] + [17 + 18]	= 33 + 35	morae
X	2:4a-c	balanced dyad + pivot	[18 + 9 + 18]	= 18 + 9 + 18	morae
	2:4d-f	balanced dyad	[(17 + 4) + 20]	= 21 + 20	morae
	2:5	2 balanced dyads	[16 + 9] + [16 + 7]	= 25 + 23	morae
C'	2:6a-c	balanced dyad	[16 + (8 + 7)]	= 16 + 15	morae
	2:6de	balanced dyad	[13 + 14]	= 13 + 14	morae
B'	2:7	2 balanced dyads	[12 + 17] + [17 + 12]	= 29 + 29	morae
A'	2:8-9b	2 balanced dyads	[13 + 12] + [20 + 7]	= 25 + 27	morae
	2:9c-e	balanced dyad + pivot	[12 + 17 + 12]	= 12 + 17 + 12	morae

---

[91] J. FERRY, « Le livre d'Aggée », dans J. ASURMENDI, J. FERRY, A. FOURNIER-BIDOZ et J. NIEUVIARTS, *Guide de lecture des prophètes,* Paris, Bayard, 2010, p. 565.

[92] D.L. CHRISTENSEN, « Impulse and Design in the Book of Haggai (Haggai 1:15-2:9) », dans *JETS* 35 (1992), p. 454.

[93] CHRISTENSEN, « Haggai 1:15-2:9, Translation, Logoprosody Analysis, and Observations », article publié le 8 mars 2006, en ligne sur : www.bibal.net, p. 4 [consulté le 6 juillet 2013].

[94] *Dyad* : groupe de deux éléments solidaires ou en interaction.

[95] *Morae* : unité phonologique qui détermine le poids d'une syllabe courte ou d'une voyelle prononcée rapidement dans un vers ou dans une strophe. Cette voyelle est surmontée d'une brève (un signe diacritique qui marque cette prononciation rapide, comme par exemple dans [ŭ]).

L'analyse des 11 strophes de la péricope 2,10-23 donne cette structure[96] :

A	2:10-11	triad & dyad + pivot	[16 + 9 + 10] + 13 + [14 + 19]	= 35 + 13 + 33	morae
B	2:12	2 balanced dyads	[17 + 20] + [20 + 19]	= 37 + 39	morae
C	2:13	2 balanced {?} dyads	[14 + 9] + [11 + 9]	= 23 + 20 {?}	morae
D	2:14	2 balanced dyads + pivot	[9 + 20] + 5 + [12 + 16]	= 29 + 5 + 28	morae
E	2:15	balanced dyad + pivot	[20 + 7 + 18]	= 20 + 7 + 18	morae
X	2:16	2 balanced dyads	[15 + 11] + [17 + 9]	= 26 + 26	morae
	2:17	2 balanced dyads	[20 + 7] + [11 + 15]	= 27 + 26	morae
E'	2:18	balanced dyad + pivot	[23 + 18 + (16 + 8)]	= 23 + 18 + 24	morae
D'	2:19	2 balanced dyads + pivot	[12 + 12] + 6 + [12 + 11]	= 24 + 6 + 23	morae
C'	2:20	balanced dyad	[16 + 18]	= 16 + 18	morae
B'	2:21	balanced dyad	[20 + 19]	= 20 + 19	morae
	2:22ab	balanced dyad	[14 + 16]	= 14 + 16	morae
A'	2:22c-e	balanced dyad + pivot	[18 + 10 + 16]	= 18 + 10 + 16	morae
	2:23ab	balanced dyad	[23 + 22]	= 23 + 22	morae
	2:23c-e	balanced dyad + pivot	[10 + 9 + 12]	= 10 + 9 + 12	morae

Signalons que cette étude de D.L. Christensen porte sur une péricope particulière. Cette formalisation, basée sur la métrique, peut manquer de faire ressortir les correspondances littéraires. Elle se limite ici à apparier l'équivalence du nombre de rimes. Nous trouvons la même formalisation relayée par Swinburnson[97] dans son analyse de 2,1-9.

2.4.2. Structure en parallélisme inversé

Cette structure, n'ayant pas d'axe central, dispose les éléments symétriques de manière antiparallèle. Les membres sont donc repris dans un ordre inversé. Pour le cas présent, nous retenons celle proposée par E.R. Wendland (2009)[98] dans son étude sur la rhétorique prophétique :

1) Effets négatifs 1,1-11	**A**
2) Obéissance et présence 1,12-15	**B**
3) Présence assurée 2,1-9	**B'**
4) Effets positifs 2,10-23	**A'**

La partie narrative (1,12-15) attachée au premier discours est considérée comme une section autonome. Elle est lue en parallèle avec le deuxième

[96] D.L. CHRISTENSEN, « Haggai 2:10-23, Translation, Logoprosody Analysis, and Observations », article publié le 14 mars 2006, en ligne sur : www.bibal.net, p. 5 [consulté le 7 mai 2014].

[97] B.W. SWINBURNSON, « The Glory of the Later Temple : A Structural and Biblical-Theological Analysis of Haggai 2:1-9 », dans *JNTS* 23 (2008), p. 28-46.

[98] E.R. WENDLAND, *Prophetic Rhetoric : Case Studies in Text Analysis and Translation*, Longwood, Xulon Press, 2009, p. 98.

discours (2,1-9). L'annonce des promesses en 2,10-23 est prise en opposition avec les reproches de 1,1-11.

2.4.3. Structure en parallélisme simple

Comme le parallélisme inversé, la construction parallèle simple n'a pas de centre. Les sections forment une symétrie « régulière »[99]. Une autre lecture du texte d'Aggée révèle ce type de parallélisme. Nous avons le résultat de la recherche d'Ackroyd (1951)[100] qui précise que la prophétie répond à une structure allant du jugement (1,1-15) à la promesse (2,1-9), puis revenant sur le jugement (2,10-19) pour finir par un message plein de promesse (2,20-23). Cette symétrie en parallélisme simple se retrouve également chez des auteurs comme E.H. Merrill (1994), M.H. Floyd (1995), J. Kessler (2003)[101] et É. Assis (2006).

Partant d'une analyse littéraire du texte, l'étude d'Assis veut montrer qu'il est composé d'unités qui se répondent[102]. En dépit de nombreuses idées au sujet des unités constituant Ag, É. Assis parle de quatre unités ou oracles en Ag 1,1-15 / 2,1-9 / 2,10-19 / 2,20-23 et de deux grandes parties selon le contenu (thème) et la délimitation formelle. Ces deux grandes parties résultent de l'observation des dates complètes ou incomplètes dans les deux parties. En début des premier et troisième oracles, les indications suivent cet ordre : « année / mois / jour » tandis que dans le deuxième oracle, il s'agit du mois et du jour. Le quatrième oracle, quant à lui, indique seulement le jour. Les troisième et quatrième oracles sont prononcés le même jour. É. Assis ajoute qu'il y a un rapprochement thématique entre ces deux derniers oracles :

> There is a thematic connection also between these two oracles. Both deal with questions of status and identity. The third discusses the question of who belongs to Israel [...]. The question of Israel's status and identity appears here in all its gravity. The fourth oracle likewise deals with the question of status and identity: the status of Zerubbabel, scion of the House of David.[103]

De surcroît, l'indication de la date en entier annonce à chaque fois une nouvelle étape dans le discours, alors que la date incomplète annonce seulement

---

[99] M. RICHELLE, *Guide pour l'exégèse de l'Ancien Testament. Méthodes, exemples et instruments de travail* (Interprétation), Vaux-sur-Seine et Charlos, Edifac-Excelsis, 2012, p. 99.

[100] P.R. ACKROYD, « Studies in the Book of Haggai », dans *JJS* 2 (1951), p. 163-176.

[101] J. KESSLER, « Haggai, Zerubbabel and the Political Status of Yehud : The Signet Ring in Haggai 2:23 », dans M.H. FLOYD et R.D. HAAK (éds), *Prophets, Prophecy and Prophetic Texts in Second Temple Judaïsm* (Library of Hebrew Bible/Old Testament Studies, 427), Atlanta, 2003, p. 106.

[102] É. ASSIS, « Haggai : Structure and Meaning », dans *Bib.* 4 (2006), p. 531-541.

[103] ASSIS, « Haggai : Structure and Meaning », p. 532.

un nouvel oracle dans l'une des deux grandes parties. É. Assis signale enfin que la formule « Parole de YHWH des Armées » à la fin des deuxième et quatrième discours appuie cette subdivision tandis que le premier et le troisième n'ont pas cette formule en finale.

Commentant É. Assis, F. De Haes écrit :

> D'une part, Élie Assis va repérer avec finesse des éléments qui informent et soulignent les deux grandes parties A et B (chacune, par exemple, commence par une date complète, alors qu'une date incomplète marque le début du second oracle dans chaque partie) ; il scrute ensuite les rapports internes qui régissent les deux premières sections des deux parties [...], ainsi que les secondes sections des mêmes deux parties[104].

É. Assis regroupe ainsi les oracles en un ensemble organisé autour des dates. Par sa réflexion sur la signification des messages oraculaires, il montre que le premier oracle part d'une question religieuse pour révéler certains malaises économiques et existentiels. Cela réapparaît dans le troisième oracle. Les deuxième et quatrième oracles en appellent au travail et à l'assurance, tout en encourageant le peuple à l'investissement de sa conscience dans ses actions. Ces deux oracles s'adressent à la vie intérieure et annoncent la nouvelle identité du peuple, une réalité future : celle du peuple bénéficiaire de la bénédiction et dont le chef est un élu de YHWH.

> Structurally, there is a progression between the two oracles in each of the two parts of the book, from admonition to consolation. I believe that the idea latent in this structure concerns the serious religious and existential problems with which the people in Judah contended at the beginning of the return from Exile. There is one recurring motif in all prophecies of the Book: the presence of God in the midst of the people: 'I am with you, says the Lord' (1,13); similarly, he also says in the second oracle: 'for I am with you, says the Lord of hosts' (2,4). In the third oracle the question of the question of the relations between God and Israël arises, but this time God claims that the people are not with God: 'yet you did not return to me, says the Lord' (2,17). The covenant relationship between God and his people is reflected in different terminology in the fourth oracle bat with a similar meaning: 'for I have chosen you, says the Lord of hosts' (2,23).[105]

---

[104] F. DE HAES, *Le rouleau des Douze Prophètes*, p. 285-286, signale que cette structuration est convaincante (et signifiante). Pour lui, E. Assis fait voir ainsi la nouveauté dans l'exercice du rôle prophétique : « Alors que le rôle des prophètes d'avant l'exil consistait à prévenir rois et peuple de la destruction à venir [...], celui d'Aggée et Zacharie consiste à réhabiliter un peuple qui avait été anéanti physiquement et spirituellement ».

[105] É. ASSIS, « Haggai : Structure and Meaning », p. 536-537. Il y a quelques particularités qu'il faut signaler. Le premier discours contient la réaction du peuple (v. 12-15). Et dans cette section (v. 13), nous avons un autre oracle dans lequel Dieu dit sa présence (comme en 2,4) contre la résistance du peuple en 2,17. Une information nouvelle sur Aggée et sur YHWH apparaît en ce v. 13 de l'oracle

La structure pose la question de la réciprocité entre le peuple et YHWH, son Dieu. La prophétie parle de cette relation comme d'une affaire de conscience religieuse et comme d'un élément important dans l'effort d'organisation de toute la vie d'Israël. É. Assis ajoute que, par sa structure, Ag n'est pas seulement un compte rendu des oracles mais il se donne aussi comme une vraie unité littéraire.

La formalisation en parallèle simple figure également dans les présentations de Floyd[106] et de J.-D. Macchi. En effet, Macchi (2009) explique que « *le cadre chronologique invite à repérer deux séquences parallèles (A-B//A'-B'). Les erreurs du passé sont d'abord rappelées (A et A') avant que des perspectives heureuses ne soient ouvertes (B et B')* »[107].

Synthèse sur la structure en parallèle simple :

A. Ag 1,1-15
1,1 An 2 de Daryiawesh
1,2-11
1,12-15a Le sixième mois, au 24ème jour.
B. Ag 1,15b-2,9
1,15b-2,2 An 2 de Daryawesh, 7ème mois, 21ème jour.
2,3-9
A'. Ag 2,10-19
2,10 An 2 de Darius, 9ème mois, 24ème jour.
2,11-14
2,15-19
B'. Ag 2,20-23
2,20 24ème jour, deuxième parole de YHWH à Aggée
2,21-23

Nous associons à ce schéma, celui donné par '*The Neslson's Illustrated Bible Dictionary*'[108], « une structure » que l'on peut dire en progression ascendante. La répartition des masses textuelles et le nombre de sections sont différents de la structure précédente.

I.	A.	Ag 1,1-6 :	abandon du travail de reconstruction
	B.	Ag 1,7-15 :	reprise des travaux
II.	A.	Ag 2,1-3 :	peu de gloire
	B.	Ag 2,4-9 :	grande gloire
III.	A.	Ag 2,10-14 :	désobéissance
	B.	Ag 2,15-19 :	résolution

premier. Mais il faut également noter que chaque discours contient des épisodes qui permettent de faire des segmentations plus intéressantes afin de visualiser le texte dans de plus petits détails.

[106] M.H. FLOYD, *Minor Prophets* (Part 2), p. 251-300. Floyd écrit Ag dans une structure en parallèle. Il le considère d'abord comme une unité entière, et après, le traite en ses petites unités littéraires.

[107] J.-D. MACCHI, « Aggée », p. 533.

[108] Tel que cité par J. SCHULTZ, *Commentary to Haggai*, 2003, en ligne sur : www.bible-commentaries.com, p. 4 [consulté le 5 juillet 2013].

IV. A. Ag 2,20-22 : destruction future
B. Ag 2,23 : reconnaissance future de Zerubbabel

3. Synthèse sur les études d'Ag : unité et cohérence du livre

Cette grille indique les sujets abordés dans chaque étude (x). Ces derniers, apportant des précisions sur les qualités d'Ag, sont pour nous soit des sources soit des marqueurs de l'unité de la prophétie.

Exégètes et années de publication	**Sources d'unité et de cohérence**			**Marqueurs d'unité et de cohérence**		
	Composition	Critique textuelle	Genre / tradition	Thèmes	Rhétorique	Plan / Structure
A. Tony (1895)	X	X		X	X	
P.F. Bloomhardt (1928)	X					
P.R. Ackroyd (1951-1952)	X			X		X
T. Chary (1955-1969)			X	X		X
F.S. North (1956)	X					
W.A.M. Beuken (1967)	X		X	X		
R. Mason (1977)	X		X	X		X
S. Amsler (1981)	X		X	X		X
D. Petersen (1984)	X		X	X		X
R.L. Smith (1984)		X	X	X		X
P.A. Verhoef (1986-1988)	X		X	X		X
C.L. and E.M. Meyers (1987)	X	X	X	X		X
W.S. Prinsloo (1988)				X		X
H. Wolff (1988)	X			X		
D.J. Clark (1992)				X	X	
D.L. Christensen (1992)				X	X	X
J. Tollington (1993)	X	X	X	X	X	X
P.L. Redditt (1995-2008)	X			X		X
M.H. Floyd (1995-2000)	X		X			X
S. Sykes (1997)			X	X		
P. Abadie (2000)			X	X		X
M.J. Boda (2000)	X	X	X	X	X	X
J. Kessler (2002)	X	X	X	X	X	X
D.L. Petersen (2002)	X		X		X	
W.J. Wessels (2003)			X	X		
J.M. O'Brien (2004)				X		X
E.R. Wendland (2005-2006)	X			X	X	X
L.-S. Tiemeyer (2006)			X	X		
Y. Patrick (2006)	X		X	X		X
J.D. Nogalski (2007-2011)	X			X		
É. Assis (2006-2007-2008[2]-2009)	X	X	X	X	X	X
B.W. Swinburnson (2008[2])	X		X	X	X	X
M.F. Rogland (2007-2013)		X		X	X	X
J.-D. Macchi (2009)				X		X
J. Ferry (2010)	X		X	X		X
J.R. Barker (2014)				X		

Conclusion

Cette lecture a été un exercice pour nous familiariser avec le texte et pour présenter les différentes recherches concernant son état général, son unité, sa composition, sa rhétorique[109] et sa structure. Cette approche, débouchant sur la charpente textuelle, a essayé de tenir compte de tous les éléments que le texte peut offrir à l'attention du lecteur. Il nous paraît évident que le texte d'Aggée constitue une unité rythmée et harmonieuse. Ce n'est pas parce qu'il est court mais parce qu'une harmonie interne et une logique de construction accompagnent sa composition. D'une part, la prophétie d'Aggée s'exprime dans des constructions narratives en forme de prose : des dates et des comptes rendus de l'action de Dieu sur le peuple et de la réaction du peuple à la parole du prophète. D'autre part, les oracles prophétiques sont donnés en forme de vers. À considérer la section sur l'enseignement de la pureté, une conversation s'engage entre le prophète et les prêtres : un échange de questions et réponses, avec description de cas concrets illustrant les questions posées. Ainsi, en plus d'être une prophétie, Ag donne l'impression d'être un sermon, un discours de circonstance que nous pouvons classer parmi les textes que la Bible consacre à l'homilétique (le culte) et même à l'éloquence politique (appel au dévouement collectif et à l'organisation sociale)[110].

Le langage est direct et répond aux caractéristiques d'un corps de reproches et d'encouragements monté avec sagacité dans la lettre (le choix des mots). Une logique de composition donne au texte son harmonie poétique[111]. La rhétorique du texte – à la fois comme type de discours et de techniques utilisées – s'appuie sur de fortes déclarations et divers outils littéraires dont la finalité est de motiver le peuple à reprendre les travaux pour reconstruire le temple. Le rappel par la répétition, l'usage des impératifs et des interrogations rhétoriques (pour la vivacité et la participation de l'interlocuteur : 1,4.9), la fréquence de la formule

---

[109] J.R. BARKER, *Disputed Temple : A Rhetorical Analysis of the Book of Haggai*, Fortress, Emerging Scholars, 2017.

[110] Ce classement est inspiré de la traduction d'A. Chouraqui. Il traduit le mot hébreu *ne'um* : oracle par *« Harangue »*.

[111] Cette considération est très nuancée par R. MASON, *The Books of Haggai, Zechariah and Malachi* (The Cambridge Bible Commentary), Cambridge, Cambridge University Press, 1977, p. 6-10. « *Some at least of Haggai's oracles seem to have been spoken, perhaps in poetic form* » (p. 6). Cependant, l'analyse de J.R. BARKER, *Disputed Temple : A Rhetorical Analysis of the Book of Haggai*, 2017, p. 6-18, après avoir montré l'évolution des données exégétiques sur cette question, apporte beaucoup de lumières sur la démarche persuasive dans le langage aggéen. Une vue panoramique des études diverses sur Ag est fournie au lecteur.

« Ainsi parle YHWH », tout cela ne participe-t-il pas d'une conscience affaiblie de l'inspiration prophétique ? Évidemment pas. Il s'agit plutôt d'une rhétorique soutenue et hautement révélatrice. L'ironie (1,4) et l'amplification (2,7-8) ne manquent pas : son langage exprime la réalité et donne à voir une image frappante de la fragmentation du peuple, de sa décomposition.

Les différentes propositions de structuration montrent une réelle évolution et une pluralité d'orientations dans ce contexte d'étude. L'ébauche du livre se construit sur des oracles prophétiques et des parties narratives. Ces deux registres de son argumentation reposent sur une structure équilibrée. L'organisation autour des dates et un vocabulaire à multiples résonances donnent un texte dont il conviendra de scruter davantage l'organisation et la structure. Les noms des destinataires, les thèmes méritent d'être examinés pour voir s'ils n'orientent pas significativement la structuration d'Ag. C'est de cela qu'il sera question dans le chapitre suivant.

Chapitre deuxième : structure et commentaire

> Des commentateurs récents [...] attirent l'attention sur la structure singulière et très cohérente du petit livre d'Aggée[112].

Introduction

Pour décrire une structure du texte d'Aggée, nous nous proposons de le lire dans une traduction littérale fondée sur le principe d'équivalence formelle, en décalquant mot à mot le Texte Massorétique. Dans toute la mesure du possible, dans cette « traduction de travail », un même mot de la langue source sera toujours rendu par un même mot dans la langue cible. En nous rendant attentif aux reprises, aux répétitions, aux connexions internes, bref à tous les indices de composition littéraire, cette démarche devrait nous permettre de mettre en évidence l'organisation de l'œuvre.

1. Critères d'élaboration

Tenant compte des quatre formules datées au début des discours prophétiques et en suivant l'analyse d'É. Assis[113], nous adoptons la division du livre en quatre péricopes : 1,1-15a ; 1,15b-2,9 ; 2,10-19 et 2,20-23. Ces péricopes forment les quatre sections du livre. Nous subdivisons chacune de ces péricopes en sous-sections. Les quatre parties sont examinées dans le déroulement simple des messages prophétiques. Les inclusions internes permettront de circonscrire les sous-sections dans chaque discours pris isolément. Notre segmentation du texte tient compte des liens formels et des similitudes dans les mots et dans la construction des finales des péricopes. Nous donnerons pour chaque partie une structure et un bref commentaire.

2. Structure des sous-sections d'Ag

Une sous-section peut être délimitée par des reprises internes, cela permet ainsi de visualiser les sous-sections suivantes :

---

112 F. De Haes, *Le rouleau des Douze Prophètes d'Israël et de Juda* (LR, 39), Bruxelles, Lessius, 2012, p. 285.

113 É. Assis, « Haggai : Structure and Meaning », dans *Bib.* 87 (2006), p. 531-535.

2.1. *Sous-sections composant le discours prophétique I : 1,1-15a*

Ce discours s'ouvre par une souscription temporelle (v. 1a). Le corps du discours comprend trois sous-sections réparties comme suit : (i) 1,1b-4, (ii) 1,5-11 et (iii) 1,12-14. Le dernier verset du discours indique aussi le temps (v. 15a).

- Sous-section i

Introduction			1,1a	Dans l'an 2, pour Daryawèsh le roi, dans le mois le 6e, dans le jour 1 pour le mois,
Sous-section (i) 1,1b-4	Annonce	**a**	1,1b	*il y eut la parole de YHWH par la main d'Aggée le prophète ..., pour dire*
	Maison à construire	**b**	1,2	... pas **le temps** de venir, **le temps de la maison de YHWH pour être construite.**
	Reprise de l'annonce	**a'**	1,3	Et *il y eut la parole de YHWH, par la main d'Aggée le prophète, pour dire* :
	Maison en ruine	**b'**	1,4	... **le temps**... d'habiter **dans vos maisons** lambrissées et **cette maison en ruine** ?

Le v. 1b annonce la parole divine adressée au prophète. Au v. 3, nous avons une reprise partielle de cette annonce. Cette courte formulation donne plus de poids à la question du v. 4. Le contraste entre d'une part, la maison à bâtir et la « maison en ruine », et d'autre part, le temps de « construire » la maison de Dieu et celui « d'habiter » les demeures confortables, fonde le parallélisme de b (prétention-reproche) et b' (question-reproche). Face aux « maisons lambrissées », la prophétie attire l'attention sur « la maison en ruine ». Les ruines abandonnées symbolisent la place réservée à Yhwh. Il y a une urgence à bâtir pour YHWH. Le discours s'ouvre par une souscription datée. Les dates, selon l'étude de J. Wöhrle[114], répondent à une certaine théologie de la rédemption propre à Aggée. La bénédiction est liée au respect des échéances, dans l'urgence ou dans l'investissement immédiat que le peuple met pour la reconstruction du Temple. Ainsi, Aggée place dans le temps (1,2.4) l'engagement humain pour YHWH et les conditions de la bénédiction et de la faveur divines.

---

[114] J. WÖHRLE, « The Formation and Intention of the Haggai-Zechariah Corpus », dans *JHS* 6 (2006), pense que le livret de Zacharie corrige cette conception de la rédemption inhérente au livret d'Aggée. Le corpus Ag-Za, signale-t-il, établit le lien entre les actions humaines, la repentance humaine et le salut, la faveur venant de YHWH.

- Sous-section ii

Sous-section (ii) : 1,5-11			
Réflexion – Malaise	a	1,5-6	… ainsi dit YHWH des Armées : Placez vos cœurs sur vos chemins. *Vous avez semé* ***beaucoup*** *et vous ramenez* ***peu****, …*
Construire la maison et sentiment divin	b	1,7-8	Ainsi dit YHWH des Armées : Placez vos cœurs sur vos chemins. · … Et construisez **la maison.** Et que je prenne plaisir en elle et que j'en reçoive honneur, *dit YHWH.*
Rappel du malaise	a'	1,9a	*Se tourner vers* ***beaucoup*** *et voici pour* ***peu***
Maison en ruine et attitude humaine	b'	1,9b	et ce que vous avez ramené à **la maison**, j'ai soufflé sur cela. À cause de **ma maison**…, **en ruine**, alors que vous vous précipitez chacun dans sa propre **maison**.
Rappel du malaise	a''	1,10-11	*C'est pourquoi sur vous, les cieux ont retenu la rosée et la terre a retenu son produit. J'ai appelé la sécheresse sur la terre et sur les montagnes et sur le blé et sur le vin et sur l'huile fraîche et sur ce que fait sortir le sol et sur l'être humain et sur le bétail et sur toute l'œuvre des mains.*

Les v. 6.9a.10 et 11 décrivent et renforcent l'idée du malaise dû à l'insuffisance des récoltes dans les champs. Nous lisons deux fois les mots « beaucoup » et « peu » aux v. 6 et 9a. Cette situation mérite une réflexion (v. 5). L'expression « placez vos cœurs sur vos chemins » signifie « faites grande attention aux voies que vous empruntez », « méditez »[115] et examinez. Le prophète parle au cœur, à la conscience en vue de faire changer d'axe dans le choix des priorités vitales. L'appel à « bâtir la maison » (v. 8) exige le même degré d'attention réflexive (v. 7). Les v. 6 et 8 sont introduits par cette formule d'exhortation à réfléchir. Le rendement médiocre du travail humain est provoqué par l'abandon de la maison laissée en ruine. Nous nous appuyons sur la reprise du mot 'maison' au v. 9 (3 fois) : par deux fois l'allusion est faite aux habitations humaines tandis qu'elle l'est une seule fois à la maison de YHWH (**ma** maison). Le verbe « souffler » (1,9) ne revêt plus son acception liée à la dynamique de la création comme en Gn 2,7, mais il se comprend dans un contexte de destruction. Les v. 10-11 précisent la participation du cosmos (les cieux et la terre) à l'interpellation de YHWH. Les v. 6.9.10 et 11 relèvent d'un même ensemble thématique, à savoir l'insuffisance des ressources pour répondre

[115] F. DE HAES, *Le rouleau des Douze Prophètes d'Israël et de Juda* (LR, 39), Bruxelles, Lessius, 2012, p. 286 et 289.

aux besoins en nourriture, boisson, vêtements, etc. Et même le traitement du salarié tombe dans une bourse trouée (v. 6). Le port de l'argent dans une bourse est aussi signalé en Gn 42,35 ; Pr 7,20 et Is 46,6.

2.1.1. « Semer beaucoup et récolter peu » (1,6 et 9)

L'insuffisance dans la récolte, le rendement moindre, les maladies des plantes résument les moyens divins d'avertissement. Ces allusions aux phénomènes naturels durables sont des reproches, des interpellations marquées d'une intense imagination littéraire et qui corroborent les modèles connus dans les diagnostics bibliques d'un malaise : la nielle (maladie des céréales), la rouille (maladie des végétaux). C'est ce qui se lit en Dt 28,22 ; 1 R 8,37 et Am 4,9. La nature, par ses phénomènes, se présente comme une expression concrète de la manifestation heureuse ou redoutable de Dieu.

Ag donne une idée de la forte synergie des hiérarchies cosmique et céleste. Le ciel « retient la rosée » car la reconstruction du Temple est arrêtée. Ces extraits bibliques affirment l'origine céleste de la rosée qui descend sur la terre comme un don : Gn 27,28 ; Dt 33,28 ; Za 8,12. La fréquence de la préposition עַל « sur » en 2,10.11 (10 fois) témoigne de la forte domination céleste et d'une solide décision pour éprouver et avertir le peuple. Et la construction au v. 10a autour du verbe כלא « retenir » (2 fois) marque la connivence entre les cieux et la terre dans une action unique : retenir leurs émanations pour priver l'homme d'une bonne récolte. Nous rencontrons le même langage dans les malédictions en Lv 26,20. Un jeu de mots entre הָאֲדָמָה et הָאָדָם montre que, autant le sol est touché, autant l'homme est affecté. La racine חרב, identique en 1,4.9.11 pour les mots désignant « ruine » et « sécheresse », fait correspondre aux ruines du Temple la sécheresse sur la terre arable. La terre, le blé, le vin, l'huile, l'élevage sont des ressources essentielles pour le peuple[116]. Tout est frappé par la sécheresse.

---

[116] J. Kim, *The Relationship Between Temple and Agriculture in the Book of Haggai*, Thèse de doctorat menée sous la direction de Hans Barstad et David Reimer, University of Edinburgh, 2013, situe Ag dans le contexte politique et économique de la Judée achéménide. La thèse montre la pertinence de l'agriculture pour la reconstruction du temple de Jérusalem. Une attention particulière est accordée à des termes comme « sécheresse » ou « désolation » (Ag 1,4.9.11), « temps » (Ag 1,2.4), « maison » (Ag 1,2.4.8.9 ; 2,3.7.8.9.15.18) et « construire » (Ag 1,2.8.18) ; sans oublier bien sûr toute la terminologie qui campe le décor agricole du livret. L'économie agricole de Judée était déprimée à cause de la sécheresse, des maladies des plantes, du mildiou et de la grêle (Ag 1,5-6.9-11,2,16-18). C'est cette situation qui conduit Aggée à fortement encourager le peuple judéen à restaurer le temple de Jérusalem. Ce serait la seule possibilité de développer l'industrie agricole (Ag 1,7-8 ; 2,3.8-9).

2.1.2. « Que je sois glorifié en elle » (1,8)

Ag 1,8 résume ce que YHWH attend de son peuple. Ce vœu divin mérite la même attention que celle accordée aux préoccupations personnelles. C'est ce qui nous paraît expliquer la présence de 1,7-8.9b portant sur la « maison en ruine » qu'il faut bâtir et se trouvant dans une sous-section qui présente largement les insuffisances dans le rendement des travaux humains en 1,5-6.9a. Le Temple est le lieu de la gloire et de l'honneur de YHWH (1,8). Il sera aussi un symbole de gloire pour la nation. Ce verset invite à escalader la montagne et faire venir du bois. Nous y lisons une idée quasi identique à celle de Ne 2,8.

- Sous-section iii

Sous-section (iii) : 1,12-14	Réaction du peuple	a	1,12	*Alors ont écouté Zerubbabel, fils de Shéaltiël, et Josué, fils de Yehotsadaq, le grand-prêtre et tout le reste du peuple* en la voix de YHWH leur Dieu et sur des paroles d'**Aggée** le prophète comme l'a envoyé *YHWH* ***leur Dieu***. Ainsi, le **peuple** craignit devant YHWH.
	Parole prophétique	b	1,13	Et dit **Aggée**, le messager de YHWH, par le mandat de YHWH au **peuple** pour dire : moi, (je suis) avec vous, oracle de YHWH.
	Action de YHWH et réaction du peuple	a'	1,14	Et réveilla YHWH l'esprit *de Zerubbabel, fils de Shéaltiël,* gouverneur de Juda, et l'esprit de *Josué, fils de Yehotsadaq, le grand-prêtre*, et l'esprit *de tout le reste du peuple*... et ils ont fait ouvrage dans la maison *de YHWH* des Armées, ***leur Dieu.***
Conclusion			1,15	Dans le jour 24e, pour le mois le 6e

Les v. 12 et 14 reprennent les noms des destinataires. Au v. 12, Zerubbabel n'est pas accompagné de son titre de gouverneur de Judée. Le v. 13 donne une précision sur le prophète comme messager ayant reçu mandat de YHWH pour le peuple. Ce verset est un oracle intercalé entre deux paroles du narrateur. La relation interne entre ces trois versets est maintenue par les mots « YHWH » et « peuple ». Les v. 12 et 14 reprennent les noms (Zerubbabel, Josué et tout le reste du peuple), mais dans deux fonctions grammaticales différentes : au v. 12, nous avons un groupe sujet, même si le verbe s'accorde avec le sujet le plus proche et au v. 14, les destinataires sont les bénéficiaires d'une action divine :

Cependant, le temple était toujours en mauvais état (Ag 1,4 ; 2,3). Le rétablissement de la dynastie davidique par l'intermédiaire de Zerrubabel (Ag 1,4, 9 ; 2, 4,5-6) succédera à l'avènement de la paix pour Juda (restauration intégrale, complète), avec l'ébranlement cosmique, l'extermination des forces appartenant aux nations et royaumes (Ag 2,20-23).

YHWH éveille leur courage. La réaction du peuple comprend deux actions : « écouter » (v. 12), « revenir » et « faire le travail » (v. 14). Dans cette sous-partie, YHWH affirme sa présence auprès de son peuple (v. 13). La conclusion (v. 15a) forme une inclusion avec l'introduction (v. 1a), marquant par-là les bornes du premier chapitre.

2.1.3. « YHWH des Armées »

« YHWH des Armées » (14 fois) se révèle comme habitant parmi son peuple et lui adressant des messages. Selon une étude contextuelle d'I. Himbaza sur un extrait de Malachie, ce nom de « YHWH des Armées » a pour but « *de convaincre les Judéens que leur Dieu était véritablement le seul vrai Dieu, le seul omnipotent, le seul digne d'être adoré [...], cette insistance répondait aux slogans bien connus des rois perses qui se disaient et se faisaient appeler 'grand roi', 'roi des rois'* »[117]. Par-delà ce contexte historique, ce nom revêt une nouvelle compréhension de la divinité en marquant surtout sa souveraineté et sa puissance. L'accent est mis sur l'omnipotence royale de YHWH :

> YHWH Sebaot est la principale divinité mâle en Juda. L'épithète Sebaot, « armées », peut avoir deux implications. L'une est royale, au sens d'un roi entouré d'une large cour prête à obéir à son moindre ordre et à mettre en œuvre ses décisions. L'autre est militaire au sens d'un commandant en chef qui conduit ses troupes au combat. Les deux implications souligneraient le rôle de YHWH comme roi du ciel puisque, idéalement, le roi sort en commandant en chef dans la guerre, et juge et arbitre en temps de paix. Dans un contexte divin, l'épithète se référerait à la cour céleste de YHWH dans son palais, ou à ses troupes célestes[118].

YHWH est au centre du message. Il envoie le prophète et réveille le courage de la communauté entière. L'intervention du prophète est dépendante de la demande divine. Le prophète ne parle pas de son propre chef, mais seulement quand YHWH le lui demande. La parole du prophète est la parole de YHWH. Selon P.A. Verhoef, « *Haggai also presented God as the source of all power, the controller of all armies on the earth and in heaven, the Lord Almighty, whose initiatives* (1:12-14; 2:6-8; 2:20-23) *pervaded the whole fabric of the revelation in this book* ».[119] Le v. 14 rapporte le réveil (עור) pour l'action de

---

[117] I. HIMBAZA, « YHWH Seba'ot devient le grand roi. Une interprétation de Ml 1,6-14 à la lumière du contexte perse », dans *VT* 62 (2012), p. 359-360. À la page 361, I. Himbaza indique que Darius y ajouta une autre expression : « roi des peuples ».

[118] D.V. EDELMAN et al., *Clés pour le Pentateuque. État de la recherche et thèmes fondamentaux* (MoBi, 65), Genève, Labor et Fides, 2013, p. 158. Aussi Th. RÖMER, *L'invention de Dieu* (Les livres du nouveau monde), Paris, Seuil, 2014, p. 175-178.

[119] P.A. VERHOEF, *The Books of Haggai and Malachi*, p. 33-34.

reconstruire le Temple. Ag ajoute le mot hébreu pour « l'esprit » (אֶת־רוּחַ que nous pouvons rendre ici par « le courage »). Ce réveil est une action divine sur le peuple pour le travail au Temple.

2.1.4. « Aggée, le prophète et le messager »[120]

Il reçoit la parole, les oracles. Dieu parle par lui : ce messager porte la parole de YHWH (1,9.13 ; 2,4.8.9.14.17.23). Son ministère prophétique est ainsi décrit par P.A. Verhoef :

> Haggai's prophetic office and function are well attested. He is called 'the prophet' in seven out of eleven occurrences of his name in the Bible (cf. Hag 1:1,3,12; 2:1,10; Ezra 5:1,1; 6:14). He apparently needed neither introduction nor identification [...]. As a 'messager of the Lord' (1:13), he is represented in his book as an authoritative instrument of the word of God, whose main task it was to admonish and inspire leaders and people to rebuild the Temple. That the people responded favorably to his message (1:12-15a) is a further indication of his authority as a true prophet of the Lord.[121]

Cependant, cette assertion n'apporte pas toute la clarté sur le prophète Aggée. Les avis restent divers. Tony pense même à un « *nom peut-être symbolique* »[122] et ajoute que : « *Les suscriptions, fort peu claires, des Septante, de l'Itala, de la Vulgate et de la Peschitta, attribuent à Aggée la rédaction de plusieurs Psaumes* »[123]. Si l'on suit l'attribution des Psaumes 138 et 145-148 dans la LXX[124], Aggée serait un psalmiste.

Pour quelques exégètes, le personnage d'Aggée se présente comme un éveilleur matérialiste et pragmatique. Son ministère prophétique inclut un aspect politique par l'allusion au roi et au gouverneur de Juda. Il ne manque pas de coloration religieuse par son annonce, sans euphémisme, de l'affluence des richesses des nations dans le Temple et de l'ébranlement des nations.

---

[120] Si l'on considère la traduction du mot מלאך « messager » en Ag 1,13. Alors qu'il s'agit du נביא « prophète » en 1,1.3/2,1.10. Aggée, nom avec diverses étymologies (cf. A. TONY, *Le prophète Aggée*, p. 3-23.), pourrait signifier « mes fêtes », « fête pour Dieu », « fête avec Dieu » ; « joyeux », « en fête », « vous serez ma fête ». Aggée n'était pas prêtre. Par son texte, on sait seulement qu'il est prophète (5 fois) et messager ou ange (1 fois). Des allusions agraires et champêtres dans la prophétie poussent à penser qu'il fut proche de la paysannerie.

[121] P.A. VERHOEF, *The Books of Haggai and Malachi*, p. 3.

[122] A. TONY, *Le prophète Aggée*, p. 153.

[123] TONY, *Le prophète Aggée*, p. 154-156.

[124] R. COGGINS, « Haggai, Zechariah and Malachi », dans R. COGGINS et J.H. HAN, *Six Minor Prophets Through the Centuries* (Blackwell Bible Commentaries), Malden, Wiley Blackwell Publishing, 2011, p. 136. Coggins parle de ce lien littéraire entre Ag et le psautier des louanges, surtout dans la LXX.

Si le personnage a réellement existé, il fut un zélé comme Élie, un inspirateur, un animateur, « un porte-parole de Dieu »[125], un prophète, un éveilleur de conscience, un homme très attentif aux valeurs religieuses et à l'évolution de la vie sociale de son temps. L'unique mention du nom « messager » en Ag 1,13 semble marquer une inauguration[126], un nouveau départ par rapport aux vingt fois qu'on trouve ce mot chez Za pour dire « un ange » et trois fois chez Ml pour désigner « un messager » (un envoyé). Aggée, prophète et rhéteur, serait à l'origine d'un type nouveau[127] dans l'exercice de la fonction prophétique. Il serait un des plus influents légats divins[128], dont la présence aura été marquée par une parole directe et circonstancielle.

[125] H.I. EYBERS, « Haggai, the Mouthpiece of the Lord », dans *Theologia Evangelica* 1 (1968), p. 62-71.

[126] R. KÜNG, « Éclairages sur la question des XII à partir du livre de Sophonie », dans J.-D. MACCHI, Ch.L. NIHAN, Th. RÖMER et J. RÜCKL (éds), *Les recueils prophétiques de la Bible. Origines, milieux et contexte proche-oriental* (MoBi, 64), Genève, Labor et Fides, 2012, p. 424-434. À la page 430, l'auteur montre qu'Ag ouvre, dans le TM comme dans la LXX, la série des derniers prophètes, ceux de la restauration après la destruction annoncée par Sophonie. Il ajoute qu'en suivant le critère du *Sitz im Buch*, l'étude peut s'approfondir en examinant les liens qu'Ag entretient avec les autres livres dans la Bible.

[127] E. CASHDAN, « Haggai. Introduction and Commentary », dans A. COHEN, *The Twelve Prophets. Hebrew Text, English Translation and Commentary,* Bournemouth, The Soncino Press, 1948. Ce commentaire fait penser au slogan : « Pas d'Aggée, pas de temple » (p. 254).

[128] E. BEN ZVI, « L'hypothèse d'un Livre des Douze est-elle possible du point de vue des lecteurs anciens ? », dans J.-D. MACCHI, Ch.L. NIHAN, Th. RÖMER et J. RÜCKL (éds), *Les recueils prophétiques de la Bible. Origines, milieux et contexte proche-oriental* (MoBi, 64), Genève, Labor et Fides, 2012, p. 387-423. Aggée se comprend comme la voix-relais de YHWH (Ag 1,12), le porte-parole original du message.

2.2. *Sous-sections composant le discours prophétique II : 1,15b-2,9*

Il comprend également trois sous-sections : (i) 1,15b-2,4a ; (ii) 2,4b-5b et (iii) 2,6-9.

- Sous-section i

Sous-section (i) : 1,15b-2,4a

Introduction		1,15 b-2,1	dans l'an 2 pour Daryawèsh, le roi. Dans le 7 [e], dans le 21e du mois,
Adresse à Zerubbabel	**a**	2,1-2,2	il y eut la **parole de YHWH**... : Dis, s'il te plaît, à **Zerubbabel**, fils de Shéaltiël, gouverneur de Juda, et à **Josué, fils de Yehotsadaq, le grand prêtre** et au reste **du peuple**, pour dire
Question-Insatisfaction	**b**	2,3a	Parmi vous le restant qui a VU cette maison dans sa gloire la première ?
	b'	2,3b	Et comment la VOYEZ-vous maintenant ? N'est-elle pas comme rien à VOS YEUX ?
Encouragement à Zerubbabel	**a'**	2,4a	...**Zerubbabel, oracle de YHWH** ! Et sois fort **Josué, fils de Yehoçadaq, le grand prêtre** ! ..., **tout le peuple** de la terre, **oracle de YHWH** des Armées ! Et travaillez !

Les v. 2 (adresse) et 4 (oracle d'encouragement) mentionnent les noms propres, mais **a'** ne signale pas les déterminatifs de Zerubbabel. De même, le peuple n'est pas qualifié de la même façon : d'un côté, il s'agit du « reste du peuple », et de l'autre, de « tout le peuple de la terre ». Le v. 3 pose la question de la gloire passée et de l'état présent de la maison. L'expérience de cette gloire est évoquée par le verbe « voir » (2 fois). Le « rien » est réel et visible à l'œil nu. Un contraste se lit dans la comparaison de la « gloire la première » par rapport au « rien » de « maintenant ». Les trois questions du v. 3 mettent l'auditeur devant la gloire passée et la perte présente de la splendeur du Temple. C'est ce contraste relevé qui doit motiver pour le travail (2,4a). Face à cette situation où prime le « rien » du présent, l'encouragement de YHWH trouve tout son sens et son poids. La parole prophétique peut alors être lue en rapport avec la force que YHWH insuffle à son peuple tout entier.

✓ « Tout le peuple de la terre » (2,4)

L'expression « le reste du peuple » apparaît 3 fois dans le texte : 1,12.14 et 2,1. Qui faut-il nommer de la sorte ? Nous rencontrons également les expressions « peuple », le destinataire de la prophétie d'Ag 1,13, et « le peuple du pays » mentionné en 2,4. Qui est ce peuple ? Certains exégètes évoquent toute la population présente devant Aggée lors de son sermon, d'autres pensent plutôt aux « ha'am 'aretz » comme désignant à la fois le peuple et le peuple du « pays ». Pour R. Mason[129], c'est plutôt l'adhésion immédiate au message prophétique qui fait du peuple « un reste » (1,12). L'appellation, dans ce contexte, fait allusion à une élection, un choix préférentiel, une mise à part et une invitation spéciale au salut, à la prospérité.

Commentant Ag 1,12, R. Coggins écrit :

> The word here used, she'erith, is cognate with that found several times in Isaiah, where there is much debate as to whether 'remnant' is to be understood as threat ('only a remnant') or as promise ('a remnant will survive'). It is possible that the usage here is technical (so Ackroyd 1968:172), but it may well be a simple way of referring to 'the support group' centered upon Zerubbabel and Joshua.[130]

Il affirme par là qu'il s'agit de tout le peuple présent à Jérusalem lorsque Aggée prophétise. En outre, une lecture nationaliste d'Ag interprète cette expression de façon littérale. Dans ce contexte, le « reste » désigne les habitants de la terre, c'est-à-dire les vrais citoyens[131]. D'autres éclairages sur la même expression se lisent dans ce paragraphe de J.-M. Babut :

> עַם הָאָרֶץ (le peuple du pays) a été étudié de près par R. de Vaux. Selon cet auteur, le sens de la séquence a évolué au fil des époques. À l'origine, l'expression désignait 'l'ensemble des hommes libres jouissant des droits civiques' comme en Gn 23,12-13 ; Gn 42,6 ; Nb 14,9 ; 2 R 16,15 ; Jr 1,18 ; 34,19 ; 37,2 ; 44,21 ; Ez 7,27 ; 22,29 ; 49,22. Puis le sens s'est élargi, l'expression en venant à désigner tous les nationaux comme en Lv 4,27 ; 20,2.4 ; 2 R 11,14.18 ; 21,24 ; 23,30 ; 24,14 ; Ag 2,4 ; Za 7,5 ; Dn 9,6. En Esdras et Néhémie enfin, elle s'emploie au pluriel (sauf en Esd 4,4) pour désigner les populations étrangères qui ont occupé le pays en l'absence des Juifs exilés (Esd 3,3 ; 9,1.2.11 ; Ne 9,30 ; 10,29.31.32). [...] Quoi qu'il en soit, chacune de ces acceptions successives fonctionne comme un composé sémantique, puisqu'elles désignent toutes un type bien déterminé de population (עַם) que le second terme (הָאָרֶץ) ne suffit pas à définir[132].

Nous pensons que l'expression désigne les auditeurs proches et lointains du prophète, cette évocation faisant référence aux interlocuteurs directs du

---

129 R. MASON, *The Books of Haggai, Zechariah and Malachi*, p. 8-10. Voir aussi J. KESSLER, « Is Haggai Among the Exclusivists ? A Response to Dalit Rom-Shiloni's Monograph Exclusive Inclusivity », dans *Journal of Hebrew Scriptures* 18 (2018), p. 13-35 (surtout les p. 23-24).

130 R. COGGINS, *Haggai, Zechariah and Malachi*, p. 141.

131 C.L. MEYERS and E.M. MEYERS, *Haggai, Zechariah 1-8*, p. 51.

132 J.-M. BABUT, *Les expressions idiomatiques de l'hébreu biblique. Signification et Traduction. Un essai d'analyse componentielle* (Cahiers de la Revue Biblique, 33), Paris, Galbada & Cie, 1995, p. 39.

prophète. Mais nous y lisons également une allusion faite aux lecteurs de la prophétie.

- Sous-section ii

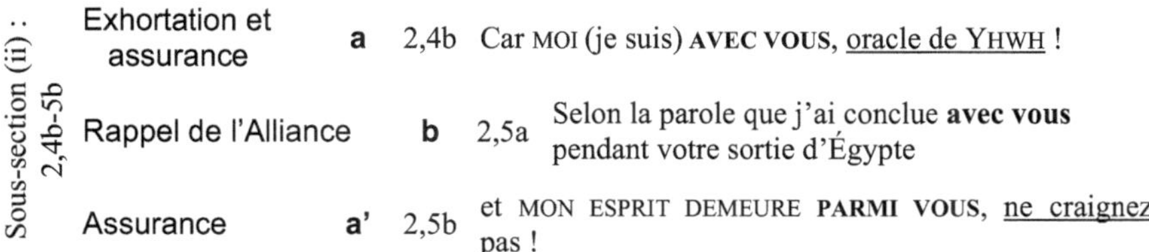

Sous-section (ii) : 2,4b-5b				
	Exhortation et assurance	**a**	2,4b	Car MOI (je suis) **AVEC VOUS**, oracle de YHWH !
	Rappel de l'Alliance	**b**	2,5a	Selon la parole que j'ai conclue **avec vous** pendant votre sortie d'Égypte
	Assurance	**a'**	2,5b	et MON ESPRIT DEMEURE **PARMI VOUS**, ne craignez pas !

La présence divine déjà évoquée en 1,13 trouve son écho dans les v. 4b et 5b. Le v. 5a rappelle l'Alliance conclue lors de la sortie d'Égypte. L'esprit de YHWH est présent, il est source de courage et sa présence dissipe la peur (v. 5b). Cet esprit, selon les mots d'A. Neher, révèle le mystère de Dieu. Le Dieu que la prophétie nous présente est « un être vivant et un être pathétique ». Sa *ruah* « *inspire la terreur sacrée, répulsive et fascinante à la fois* »[133]. Cet esprit est la vie divine et il recherche la sympathie humaine. Le mot רוח « *ruah* » revient quatre fois dans le texte, il est aussi appliqué aux destinataires pour désigner le courage (1,14). Sous cet angle, l'oracle peut se définir comme une parole qui chasse aussi la peur, une parole comme une preuve de la présence divine. Cette présence est perçue dans un rapport réel et permanent avec un « vous ». L'expression « parmi vous » (v. 5) renforce la proximité exprimée par la particule את (v. 4). La parole (l'Alliance) articule et redit ce rapport.

YHWH parle et agit sur les choses, c'est le sens du mot « dabar » dans le texte. Le verbe « dire » dans plusieurs versets pourrait faire allusion au récit de la création (Gn 1) et à la parole comme mode d'action divine (Gn 1,26-27). La parole créatrice est celle par laquelle YHWH se révèle et communique avec ses créatures par l'entremise de son « messager ». La parole chez Ag est accompagnée de réels effets car elle est parole de YHWH. Cette parole rend Dieu plus présent à ses destinataires par l'entremise du prophète (1,12) : « *Haggai and his narrator continually emphasize the divin origin of his words* ».[134] Le Dieu d'Ag se dit, annonce son désir et ses projets. Le verbe « dire » (26 fois) et

---

[133] A. NEHER, *Prophètes et prophéties. L'essence du prophétisme*, Paris, Payot & Rivages, 2004, p. 110-111.

[134] J. GOLDINGAY, « Haggai », dans J. GOLDINGAY et P.J. SCALISE (éds), *Minor Prophets II. New International Biblical Commentary* (Old Testament Series), Peabody, Hendrickson Publishers Marketing, 2009, p. 144.

les mots « parole » (7 fois) et « oracle » (12 fois) donnent à la prophétie son orientation comme un ensemble de paroles cherchant à construire une relation, un rapport de présence expressive. Les paroles sont formulées et articulées, elles attendent une écoute et une adhésion.

- Sous-section iii

Sous-section (iii) : 2,6-9				
	Ébranlement des nations	**a**	2,6-7a	… moi j'ébranlerai les cieux et la terre, … Et j'ébranlerai toutes les nations et les richesses de toutes les nations viendront.
	Gloire de la maison et richesses des nations	**b**	2,7b-8	Alors je remplirai **cette maison de gloire**, *dit YHWH des Armées*. À moi l'argent et à moi l'or, *oracle de YHWH des Armées*.
	Satisfaction par la gloire	**b'**	2,9a	Grande sera **la gloire de cette maison**, …, *dit YHWH des Armées*
	Conclusion : promesse de paix	**a'**	2,9b	et dans ce lieu-ci, je donnerai paix, *oracle de YHWH des Armées*.

Avec l'Alliance, ces valeurs de gloire et de paix disent la présence agissante de YHWH parmi son peuple, dans la nation qui s'engage pour son œuvre. La paix signifie la prospérité[135]. La gloire et la paix vont de pair et disent la manifestation de la réalité divine dans le monde. La même « terre » ébranlée peut désigner le lieu à pacifier. Le contraste entre la gloire dernière par rapport à la gloire première signifie que la situation n'est pas la même. Avec la paix, l'abondance supplée au « rien » chez le peuple (1,6 ; 2,3) tandis que les nations connaissent l'ébranlement (2,6-7a). « Les richesses des nations », « l'argent et l'or » symbolisent le retour de cette grande gloire (2,9a). Les v. 7b-8 servent à motiver et à encourager. À ce message d'encouragement adressé au peuple et à ses autorités, nous associons, dans un rapport antithétique (ébranler et donner la paix), les v. 6b-7a avec le thème d'ébranlement des nations et le v. 9 dans sa finale sur le don divin de la paix. Dans cette sous-section, le chiasme aux v. 7a et 9a (« cette maison de gloire / gloire de cette maison ») met bien en exergue la gloire de la maison : « une gloire continuelle » mais dont l'ampleur varie[136]. Ag 2,9 signale qu'elle deviendra « grande ». Le pèlerinage des nations en est un

---

[135] R. COGGINS, *Haggai, Zechariah and Malachi*, p. 147.

[136] D. PIETERSEN, « Haggai's concern for South Africa : A positive transformation to socio-economic justice as a catalyst for reconciliation », dans *Verbum et Ecclesia* 42 (2021), p. 1-9 (surtout p. 7, colonne 1).

signe éloquent[137]. Il y a là une ouverture des promesses divines qui culmine dans le don de la paix.

2.3. *Sous-sections composant le discours prophétique III : 2,10-19*

Ce discours comprend deux sous-sections : (i) les v. 10-14 portant sur l'impureté des œuvres humaines et (ii) les v. 15-19 rappelant l'insuffisance des ressources humaines. Cette dernière sous-section se conclut par l'annonce de la bénédiction.

- Sous-section i

Sous-section (i) : 2,10-14				
Introduction temporelle et adresse		2,10a	Dans le 24è (jour) pour le 9è (mois), dans l'an 2 de Daryawèsh,
Au sujet de la consécration	**a**	2,10b-12a	il y eut la parole de YHWH **à Aggée** le prophète, pour dire Ainsi **dit** YHWH des Armées : … Si un homme porte de la viande de consécration ... et TOUCHE avec …, est-ce que ce *sera consacré* ?
Réponse	**b**	2,12b	<u>Et répondirent les prêtres et ils dirent</u> : Non.
Au sujet de l'impureté	**a'**	2,13a	**Et dit Aggée** : Si TOUCHE un impur … à toutes ces choses, est-ce que ce sera impur ?
Réponse	**b'**	2,13b	<u>Et répondirent les prêtres et ils dirent</u> : Ce sera impur.
Conclusion partielle	**a''**	2,14	Et répondit **Aggée et il dit** : … Et ce qu'ils présentent là, *impur est*.

Cette sous-section signale que les prêtres interviennent pour donner une instruction en réponse aux questions du prophète. Le lien entre ces questions et réponses repose sur les termes utilisés. Le verbe « toucher » (2x) relie les deux questions. Le v. 12 porte sur la consécration tandis que le v. 13 éclaire la question de l'impureté (4x). Le mot נפש signifie « un cadavre, un mort » (*BDB*, 2012, p. 660, colonne b, suite point 4)[138]. Le même sens se trouve en Lv 19,28 ; 21,1 ; 22,4 ; Nb 5,2 ; 6,11 ; 9,10. Le titre de « grand-prêtre » remplacerait celui

[137] J. VERMEYLEN, *Jérusalem centre du monde. Développements et contestations d'une tradition biblique* (Lectio Divina, 217), Paris, Cerf, 2007, p. 145-150 (pour Ag 2,6-9). Et les p. 151-223 présentent cette notion de pèlerinage des nations chez Za (1 – 8), Mi 4,1-5 et Is (2,2-4 ; 60 « la lumière de Sion » et 66,18-24).

[138] F. BROWN et al., *The Brown-Driver-Briggs Hebrew and English Lexicon. With an Appendix containing the Biblical Aramaic*, Peabody, Hendrickson Publishers, *Fourteenth Printing*, 2012.

du « prêtre chef ». Il connote une responsabilité cultuelle qui n'est pas dévolue au gouverneur. Les prêtres, à côté du grand-prêtre, enseignent la Torah. Le v. 11 pourrait ainsi révéler un contexte de définition des attributions particulières des dirigeants de la vie cultuelle[139].

2.3.1. La consécration et l'impureté

Ag rappelle que la consécration (la sanctification) et la pureté ne se répandent pas par un contact indirect. Cependant, par un contact direct ou indirect, l'impur atteint tout et va même jusqu'à corrompre les bonnes œuvres. R. Coggins révèle, dans son commentaire sur Ag 2,12-13, que :

> The discussion of cleanness and uncleanness in these verses is of a kind unusual in the Prophets. For this reason Haggai has given special attention in one strand of later Jewish tradition. It was a major concern in the Talmud, and is discussed at length in Pesahim 16b-17a. Of particular concern was the answer given by the priests, which in effect limited the conveyance of uncleanness; Rab is said to have rejected this understanding, but other rabbis were ready to accept it.[140]

Le prophète interroge et permet la remise en question, tandis que le prêtre est un enseignant, un interprète des instructions divines. Les prêtres sont chargés *« de distinguer entre le saint et le profane, entre l'impur et le pur (Lv 10,10 ; voir aussi Ez 22,26 ; 44,23) »*[141]. Dans notre cas, la matière de l'interrogatoire est une bonne problématique à la fois pour le prêtre et pour le peuple : c'est la question de la consécration et de l'impureté par le contact. Le v. 14 renseigne sur la qualité de l'œuvre du peuple devant YHWH. La clarté des questions prophétiques et des réponses sacerdotales éloigne toute confusion au sujet de ce que le peuple et ses prêtres présentent à YHWH.

D.R. Hildebrand voit dans le reproche formulé en 2,14 une accusation contre l'égoïsme (*Selfishness*[142]) du peuple tandis que D. Pietersen y perçoit « leur négligence impénitente » (*their unrepentant neglect of the temple*

---

[139] W.J. WESSELS, « Engaging the Book of Haggai in Leadership Issues », dans *OTE* 16 (2003), p. 766-783. Cette étude trouve dans la prophétie la proposition d'un modèle de gouvernement dyarchique autour du grand-prêtre et du gouverneur.

[140] R. COGGINS, *Haggai, Zechariah and Malachi*, p. 148.

[141] A. MARX, *L'impureté selon P. Une lecture théologique,* dans *Bib.* 82 (2001), p. 364. Voir aussi M. LOCKSHIN, « Why is Holiness Not Contagious ? », dans A.L. MITTLEMAN (éd.), *Holiness in Jewish Thought*, Oxford, Oxford University Press, 2018, p. 54-66 (surtout les p. 62-63).

[142] D.R. HILDEBRAND, « Temple Ritual : A Paradigm for Moral Holiness in Haggai II 10-19 », dans *VT* 39 (1989), p. 155.

rebuilding project[143]). Ag 1,2 sous-tend ces lectures. Nous pensons qu'il s'agit essentiellement du contact avec l'impur. Ag 2,12-13 le montre par la fréquence des mots indiquant le contact (נגע). Cet éclairage sur l'impur au v. 14 ne précise pas la personne contactée. L'évocation de « ce peuple et cette nation »[144] en 2,14 ne nous semble pas négative, surtout quand le texte continue sur un ton déprécatif avec נא au 2,15 et 18 « s'il vous plaît », exhortant à bien réfléchir sur tout ce qui est vécu.

La consécration et la pureté chez Ag sont à considérer dans un cadre purement cultuel, c'est-à-dire celui des rites du Temple. La question est complexe et sa compréhension n'est pas uniforme. L.S. Tiemeyer précise :

> The two questions in Hag 2:12-13 concern, among other things, the ability of a certain ritual status to pass on its qualities. According to the priests' ruling in this passage, impurity is stronger than holiness: holiness can only transfer its status via direct touch, while impurity can transfer its status also via indirect touch, in this particular case via clothes.[145]

---

[143] D. PIETERSEN, « Haggai's concern for South Africa : A positive transformation to socio-economic justice as a catalyst for reconciliation », dans *Verbum et Ecclesia* 42 (2021), p. 1-9 (surtout p. 7, colonne 2).

[144] H.G. MAY, « "This People" and 'this Nation' in Haggai », dans *VT* 18 (1968), p. 190-197, voit en Aggée un nationaliste eschatologique qui en appelle à la pureté de tout le peuple de YHWH. D'autres éléments de l'eschatologie d'Ag sont la bénédiction le jour de la pose des fondations du nouveau temple, l'exclusion des impurs, l'« ébranlement » de la nature et des nations qui est la destruction du pouvoir des nations et la nomination de Zerrubabel comme dirigeant humain d'Israël (voir aussi la note 142) : lire H.F. VAN ROOY, « Eschatology and audience : The Eschatology of Haggai », dans *OTE* 1 (1998), p. 49-63 (surtout la p. 51). Cette eschatologie met l'accent sur le temps présent comme moment propice pour prendre des décisions en vue de l'avenir : lire pour cela B. WIELENGA, « Eschatological Hope in Haggai : A Homiletic Reading », dans *In die Skriflig* 49 (2015), p. 1-13. B.A. JONES, « The Book of Haggai : A Resource for Resident Aliens », dans *Review & Expositor* 112 (2015), p. 135-143.

[145] L.-S. TIEMEYER, « The Question of Indirect Touch : Lam 4,14 ; Ezek 44,19 and Hag 2,12-13 », dans *Bib.* 87 (2006), p. 65. Et J. SKLAR, *Sin, Impurity, Sacrifice Atonement : Priestly Conceptions* (Hebrew Bible Monographs, 2), Sheffield, Sheffield Phoenix Press, 2005. L'allusion à Ag 2,12-13 se trouve à la p. 116.

- Sous-section ii

Sous-section (ii) : 2,15-19			
Réflexion faite au peuple	**a**	2,15	**… placez, s'il vous plaît, votre cœur, à partir de *ce jour*, et par la suite** avant de placer une pierre sur une pierre dans LE TEMPLE DE YHWH.
Rendement agricole	**b**	2,16-17	Avant que cela soit, on venait à un tas de 20 et il y avait 10. On venait à la cuve pour puiser 50 (mesures) de foulage, et il y avait 20. Je vous ai frappés par la rouille et par la nielle et par la grêle et toute l'œuvre de vos mains...oracle de YHWH
Réflexion faite au peuple	**a'**	2,18	**Placez, s'il vous plaît, votre cœur à partir de ce jour, et par la suite**. À partir du jour 24 pour le 9e, à partir du jour où fut fondé LE TEMPLE DE YHWH, **placez vos cœurs**
Rendement agricole et promesse de bénédiction	**b'**	2,19	Est-ce qu'il y avait encore (de) la semence dans le grenier, et jusqu'à la vigne, et le figuier, et le grenadier et l'arbre de l'olivier n'a pas porté. À partir de ***ce jour***, je bénirai.

Le v. 19 est un rappel des pénuries et une annonce explicite de la bénédiction. Les v. 15 et 19 marquent une inclusion par l'expression « ce jour ». Cependant, une autre inclusion reliant l'ensemble de ce troisième discours est lisible aux v. 10 et 18 : « le 24è jour du 9è mois ». Et si on considère le v. 19 comme une suite logique du v. 18, alors l'écho des expressions « Réfléchissez, s'il vous plaît, dans votre cœur », « le Temple de YHWH » (v. 15 et 18) et du mot « jour » (3 fois au v. 18) est mis en évidence. L'accent est placé sur le jour de la reprise des travaux comme un moment propice au changement.

La liaison entre les deux sous-sections de ce troisième discours est également marquée par la formule « toute l'œuvre de vos mains » dans les v. 14 et 17. Les thèmes de consécration et d'impureté font de la péricope 2,11-14 une unité oraculaire. L'évocation du rendement agraire et viticole nous paraît justifier le parallèle entre 2,16-17 et 2,19, et un rapport antithétique relie les v. 17 (« je vous ai frappés ») et 19 (« je bénirai »).

2.3.2. Rendements faibles et bénédiction

Le texte utilise même des chiffres pour montrer l'acuité de la situation (2,16). Il s'agit là d'un inventaire, d'une statistique sur les rendements faibles.

Ce langage chiffré rend le texte plus concret et l'inscrit réellement dans le vécu, dans les préoccupations de l'heure. La mention de la grêle à côté de la rouille et de la nielle indique l'ampleur de la destruction dans les champs.

La bénédiction en 2,19 est à situer dans le contexte de l'Alliance évoquée au v. 5. La présence de l'esprit de YHWH parmi son peuple est gage de paix car il s'agit de la présence même de Dieu ; c'est comme une insistance sur le message énoncé en 1,13 et 2,4. La question rhétorique en 2,19 suppose que bientôt le grenier sera plein. La paix est liée à un lieu, mais la bénédiction n'est pas limitée dans l'espace même si elle a un commencement. Les v. 9 et 19 donnent à Ag la coloration d'une prophétie du salut, mais ce salut n'adviendra que dans le futur, après les oracles qui posent le diagnostic concret de la vie sociale et signalent l'obéissance collective aux appels à « rebâtir la maison d'Adonaï » (Ag 1,3-13).

2.3.3. La Maison – le Temple à « construire »

Le texte parle beaucoup de la maison (בית 11 fois) et très peu du Temple (היכל 2 fois). Ag semble utiliser le mot « maison » pour désigner « le Temple ». Certains exégètes voient une différence entre les deux : le Temple ne peut être comparé à n'importe quelle maison car il fait partie des clauses de l'Alliance. D'autres ont vu dans cette utilisation du mot « maison » un abandon du palais de type royal car YHWH se dit être avec son peuple (2,4). Ainsi, YHWH doit habiter une maison semblable à celle des hommes. Il se joue ici une dynamique de la présence dans les conditions qui sont celles du peuple. Il n'est plus question de « palais » marquant la distance et l'éloignement de YHWH, mais d'une maison pour concrétiser ce que disent 1,13 « Moi, (je suis) avec vous » et 2,5 « mon esprit demeure parmi vous ».

Ajoutons que ce changement de mots peut également connoter les diverses fonctions de ce lieu appelé « ma maison » (1,9). Il s'agit d'une réelle habitation de YHWH parmi son peuple, d'un lieu de culte pour toutes les nations, d'un lieu pour les offrandes, d'un lieu symbole de l'unité, de la cohésion et de la reconnaissance nationales. Le Temple, vu comme élément de transition dans les discours du prophète, devient plutôt comme un point de rencontre idéologique et théologique pour le temps à venir. « *The coming age, signaled primarly by the presence of YHWH in his Temple is definitively certain and recognizably imminent* ».[146] Sa construction exprime une entrée dans la mouvance de Dieu qui lance l'humanité entière dans un avenir de relation et de collaboration.

S. Encel précise que la symbolique du Temple se réfère à une réalité qui n'est ni simple ni univoque[147]. Il y a plus que le Temple entre les lignes de ce texte.

> Temples in the ancient world functioned on both religious and political levels. In pre-exilic Judah, the Temple not only served as God's 'house', the proof of God's presence for the nation, but also served to legitimate the monarchy, as reflected clearly in linking of Temple and kingship in 2 Sam 7.[148]

Ag révèle une organisation politique et cultuelle, une constitution sociale pour le présent et l'avenir. Le pouvoir ultime n'est ni à l'homme ni aux institutions dont il se dote pour structurer son quotidien. C'est à « YHWH des Armées » que revient toute hégémonie. La construction du Temple suit une obéissance au message, après la crainte de YHWH qui l'amènera à dire : « Moi, (je suis) avec vous » (1,13 et 2,4). Ag fait plutôt penser à une mobilisation pour l'obéissance, la crainte, la considération de la souveraineté de Dieu « des Armées ». Ce Dieu est présent et agit en faveur de ceux qui lui obéissent.

2.4. *Discours prophétique IV : 2,20-23*

Introduction datée et adresse à Zerubbabel	**a**	2,20-21a	Il y eut la PAROLE DE YHWH … à Aggée … <u>dans le 24 pour le mois</u>, pour dire : *Dis à <u>ZERUBBABEL</u>, gouverneur de Juda, pour dire :*
Ébranlement cosmique	**b**	2,21b	moi, **ébranlant** les cieux et la terre
Ébranlement des royaumes	**b'**	2,22	**Et je renverserai** trône des royaumes **et je détruirai** force des royaumes des nations. **Et je renverserai** char et ceux qui le montent ; **et** descendront chevaux et leurs cavaliers, chacun par l'épée de son frère.
Élection préférentielle de Zerubbabel	**a'**	2,23	<u>Dans ce jour</u>, ORACLE DE YHWH des Armées, je te prendrai *<u>ZERUBBABEL</u>*, fils de Shéaltiël, mon serviteur, oracle de YHWH, et je te placerai comme le sceau. Car je t'ai choisi, oracle de YHWH des Armées !

[146] D.J. BORELAND, *Back to the Future ? The Transitional Role of the Temple in Haggai and Zechariah 1 – 8*, p. 29.

[147] S. ENCEL, *Temple et temples dans le judaïsme antique* (Bibliothèque d'études juives, 48), Paris, Honoré Champion, 2012.

[148] J.M. O'BRIEN, « Haggai », dans G.R. O'DAY et D.L. PETERSEN (éds), *Theological Bible Commentary,* Louisville, Westiminster John Knox Press, 2009, p. 283.

Les v. 21a (adresse faisant partie de la souscription) et 23 (oracle) montrent que ce dernier discours concerne Zerubbabel. L'élection et la reconnaissance de Zerubbabel dans cette dernière partie sont des échos forts de l'exaucement de l'obéissance (וַיִּשְׁמַע) du peuple à la parole prophétique (1,12). Le texte reprend aux v. 21b-22 le thème eschatologique de l'ébranlement des nations déjà rencontré en 2,6-7. Ici, il s'agit du renversement et de la « destruction des forces, de char ; la descente des chevaux et cavaliers ». Les verbes « prendre » et « placer » s'inscrivent dans le même contexte de l'élection que résume le verbe « choisir » (2,23).

2.4.1. Ébranlement des nations

D'une expressivité remarquable, les passages 2,6-9.20-23[149] annoncent l'ébranlement des nations, l'intervention militaire de YHWH, la protection assurée à Zerubbabel. Le langage utilisé met en évidence une manifestation de la puissance et de la grandeur de YHWH. Cela apparaît dans les actions contre les nations : « ébranler », « renverser » et « détruire » (2,22). Ce dernier discours se différencie des oracles contre les nations par sa finale qui est un oracle de salut (2,23).

> By stressing the importance of the Temple's glory and by linking its completion with a cosmic shaking that will topple kingdoms (2:6-9), Haggai stresses the sovereignty of God over all human institutions.[150]

L'insistance sur le temps et sur l'ébranlement des nations laisse entrevoir une fin et un rétablissement. Le temps nouveau est celui du pouvoir exercé par le Dieu des Armées, avec un serviteur de son choix. La nature détruite et les diminutions de rendement dans les travaux passeront. L'affluence des nations avec leurs dons vers la maison de YHWH compte également parmi les signes d'un temps nouveau, d'une ère transformée (2,6-9). À cela, il faut ajouter toute la section sur le choix de Zerubbabel (2,20-23). Ce discours est un mélange de signes : ébranlement des nations, renversement des armées des nations (conquête militaire) et élection du serviteur de YHWH.

---

[149] M. PRINEAS, « 'Yet once, it is a little while' : Recovering the Book of Haggai in 'Lycidas' », dans *Milton Quarterly* 33 (1999), p. 114-123.
[150] J.M. O'BRIEN, *Haggai*, p. 283.

2.4.2. Élection de Zerubbabel

Zerubbabel (7 fois dans le texte) ouvre et ferme ce dernier discours aggéen. Son élection comme « serviteur » et « sceau » est une initiative divine. Il est un haut-commissaire, un gouverneur et le serviteur élu[151]. Ce nom signifie « né à Babylone ou celui qui fut semé à Babylone ». La Bible renseigne qu'il est neveu de Sheshbatsar (Esd 1,8 ; 5,14-16) et petit-fils de Joiaqim (2 R 24). Ce descendant de David n'a cependant pas plein pouvoir. Il participe à l'administration perse dans la Judée (4 fois). Un gouverneur est à la tête d'une petite province ou satrapie. Ag répète ce rôle de gouverneur (פחת 4 fois : en 1,1.14 ; 2,2.21) de manière équilibrée dans les deux chapitres et l'insère dans son annonce des promesses futures. C'est un homme portant de plus grandes espérances, un personnage spécial. Avec lui, deux promesses sont annoncées : la promesse de la paix (2,9) et la promesse eschatologique (2,23)[152]. La conclusion de ce verset sous-entend que l'eschatologie, c'est-à-dire le règne à venir, est un moment vécu entre YHWH et les hommes qui appartiennent à une certaine tradition (histoire) et la représentent dignement.

En Zerubbabel se corrige ce que Jr 22,24 dit de son ancêtre Joiakin : « *Par ma vie – oracle de Yahvé –, même si Joiakîn, fils de Joiaqîm, roi de Juda, était*

---

[151] G. GOSWELL, « The Fate and Future of Zerubbabel in the Prophecy of Haggai », dans *Bib.* 91 (2010), p. 77-90. L'article aborde la question de Zerubbabel dans la perspective de la finale d'Ag, c'est-à-dire en 2,20-23. On peut lire également A.Ch. SHERRELL, *The Message of the Prophet Haggai: a socio-political Approach*, Mémoire présenté à University of Cape Town, sous la direction de Y. Gitay, 2003. G. VANHOOMISSEN, *De David à Jésus. Figures du Messie* (LR), Bruxelles, Lessius Éditions jésuites, 2022, p. 78-87 où l'élection divine d'un leader est liée à la reconstruction du temple. Ag 2,21-23 cite ce personnage séparé du grand-prêtre Josué. Cela apparaît chez Zacharie, entre la vision au début du chapitre quatrième et celle au début du chapitre cinquième dans un oracle où Zerubbabel est confirmé dans le rôle d'un guide bâtisseur agissant sous l'autorité divine (Za 4,6-9).

[152] G. GOSWELL, « The Glorification of the Temple in Haggai 2,1-9 », dans *Scandinavian Journal of the Old Testament* 35 (2021), p. 242-255. En Ag 2,1-9, le prophète établit la relation entre le temple et l'eschatologie. Les perpectives aggéennes présentent un certain type d'eschatologie prophétique, que l'on rencontre également en Ez 40-48 et chez Za. Dans ces trois textes prophétiques, le temple est la pièce maîtresse du futur Royaume de Dieu, même si Aggée donne sa propre version de cette espérance qui s'étend aussi sur la royauté (voir REDDITT, dans *CBQ* 2014, note 137, p. 48). Pour Aggée, la restauration du temple est une condition préalable à l'avènement du royaume de Dieu (Ag 1,8), avec le rassemblement des nations et de leur richesse (Ag 2,7-8). On le voit bien, Ag n'assimile pas le temple reconstruit à son époque au temple idéal de la vision d'Ézéchiel. Aggée, le prophète, n'envisage pas non plus un nouveau temple pour remplacer l'ancien, comme en Za 1-8. Ag anticipe la transformation future de la structure sacrée qu'ils sont en train de rebâtir (Ag 2,7.9). Autrement dit, Aggée distingue la structure actuelle, à moitié construite, de son état plus illustre, lorsque Adonaï paraîtra dans la gloire comme le roi de tous les peuples, ce qu'on peut appeler une ouverture de tous à la divinité ou mieux, à la suite de D. NOCQUET, « Bible hébraïque et pensée laïque, lointaines proximités et résonances atemporelles ? », dans *Études théologiques et religieuses* 95 (2020), p. 603-623, « l'accessibilité décloisonnée au divin ».

un anneau à cacheter à ma main droite, je t'arracherais de là ». Nous savons que d'après Ag, Zerubbabel n'est pas un roi. La prophétie parle de lui comme serviteur de YHWH. La conception de l'autorité dans la prophétie n'est pas exclusiviste. Le fait de le citer avant le grand-prêtre est une mise en évidence de son rôle dans ce moment de dépendance qu'induit la présence du nom du roi perse dans le texte (Darius, 3 fois). Il préfigure le collaborateur humain en qui se réalisera l'attente d'un restaurateur lors de la grande manifestation de la puissance et de la souveraineté de YHWH décrites en 2,20-23.

Le v. 21 cite Zerubbabel sans allusion à ses origines familiales. À y regarder de près, Zerubbabel devient un personnage type, un modèle de dirigeant voulu et donné par YHWH. Plus que d'un pouvoir temporaire, Zerubbabel est investi de hautes valeurs. Il porte une tradition constante, celle de l'élection divine. C'est la reconnaissance de cette tradition qui redonne priorité à YHWH. Et à G. Goswel d'éclairer que « *the Temple orientation and the highlighting of divine action show that the establishment of God's kingdom is in view, not the promotion of Zerubbabel as God's vice-regent* ».[153] Nous tenons de Th. Römer cet autre renseignement :

> Un des premiers gouverneurs (peha) de Yehud semble avoir été Zorobabel, un déporté, d'ascendance royale davidique et commis par les Perses qui pensaient sans doute que son pedigree royal convaincrait la population autochtone de collaborer avec lui. Il est possible que son arrivée à Jérusalem ait provoqué des espoirs et tentatives de restauration de la monarchie davidique (cf. en ce sens Ag 2,22)[154].

Nous concluons avec F. De Haes que « *l'intensité dramatique de la présence de Zerubbabel à la fin du livre d'Aggée garde cependant quelque chose de mystérieux* »[155]. Zerubbabel est donné comme un paradigme, un représentant du peuple voulu par YHWH. Une occurrence intéressante en 1,12

---

[153] GOSWELL, *The Fate and Future of Zerubbabel in the Prophecy of Haggai*, p. 90.

[154] T. RÖMER, *La première histoire d'Israël. L'école deutéronomiste à l'œuvre* (MoBi, 56), Genève, Labor et Fides, 2007, p. 175. Aussi Th. RÖMER, *La Bible. Quelles histoires ! Les dernières découvertes, les dernières hypothèses. Entretien avec Estelle Villeneuve*, Genève, Bayard & Labor et Fides, 2014, p. 266. Au sujet de l'espérance fondée sur l'avènement d'un roi à la manière de David, lire P.L. REDDITT, « Prophecy and the Monarchy in Haggai and Zechariah », dans *CBQ* 76 (2014), p. 436-449. La portée eschatologique de cette attente est soulignée par D.F. O'KENNEDY, « Haggai 2:20-23 : Call to Rebellion or Eschatological Expectation? », dans *OTE* 27 (2014), p. 520-540. Il s'agit d'un roi marqué par un sceau (cela fait penser à une bague sigillaire) et non une armure de guerrier. Ce sceau, selon J. BLANCHARD, *Les grands points des Petits Prophètes. Regards sur mes pages ''propres'' de votre Bible*, Trois-Rivières, Europresse – Publications chrétiennes, 2018, p. 258-263, est signe d'autorité, de beauté et de sécurité (sûreté).

[155] F. DE HAES, *Le rouleau des Douze Prophètes d'Israël et de Juda* (LR, 39), Bruxelles, Lessius, 2012, p. 284.

présente Zerubbabel seulement comme fils de Shéaltiël et non comme gouverneur de Juda. Ce sera encore le cas en 2,23 comme en inclusion lointaine avec 1,1. L'autorité et tout le peuple devront mettre leurs pas dans ceux du fils de Shéaltiël : il est le représentant du pouvoir traditionnel de la communauté. En lui, se profilent les aspirations séculaires du peuple touchant à l'organisation sociale.

3. Structure des sections

Dans la description des structures, nous considérerons les notations circonstancielles en début et en fin de chaque discours et nous verrons si elles peuvent aider à découvrir une organisation propre de chaque section. Un discours complet constitue une section.

3.1. *Discours prophétique I : 1,1-15a*

En plus des indices circonstanciels comme bornes de ce discours, des répétitions de mots et la présence des mêmes thèmes internes assurent l'organisation de 1,1-15a. La section I se présente ainsi :

Section I		
Introduction datée. Reproche au peuple	**A** 1,1-2	DANS l'an 2, pour Daryawèsh le roi, DANS LE MOIS LE 6ᵉ, dans le jour un pour le mois, il y eut la parole de YHWH par la main d'AGGÉE LE PROPHÈTE à ZERUBBABEL, FILS DE SHÉALTIËL, GOUVERNEUR DE JUDA et à JOSUÉ, FILS DE YEHOTSADAQ, LE GRAND-PRÊTRE, *pour dire* : … pas le temps de venir, le temps la maison de YHWH pour être construite
Maison en ruine	**B** 1,3-4	… d'habiter dans vos **maisons** lambrissées et (quand) cette maison est **en ruine** ?
Insuffisances et exhortation	**C** 1,5-8	… ainsi dit YHWH des Armées : Placez vos cœurs sur vos chemins. Vous avez semé beaucoup et vous ramenez peu, … Ainsi dit YHWH des Armées : Placez vos cœurs sur vos chemins. Escaladez la montagne…
Insuffisances	**C'** 1,9a'	Se tourner vers beaucoup et voici pour peu
Ruine et conséquence	**B'** 1,9b-11	… À cause de **ma maison** qui est, elle, **en ruine**, alors que vous vous précipitez chacun **dans sa propre maison**… J'ai appelé la **sécheresse** sur la terre et sur les montagnes...
Écoute. Réveil et engagement collectif	**A'** 1,12-15a	Alors ont écouté ZERUBBABEL, FILS DE SHÉALTIËL, ET JOSUÉ, FILS DE YEHOTSADAQ, LE GRAND-PRÊTRE et tout le reste du peuple la voix de YHWH leur Dieu et sur des paroles D'AGGÉE LE PROPHÈTE comme l'a envoyé YHWH **leur Dieu**. Et dit AGGÉE, le messager de YHWH, par le mandat de YHWH au peuple pour dire : moi avec vous, oracle de YHWH. Et réveilla YHWH l'esprit de ZERUBBABEL, FILS DE SHÉALTIËL, GOUVERNEUR DE JUDA, et l'esprit de JOSUÉ, FILS DE YEHOTSADAQ, LE GRAND-PRÊTRE, **leur Dieu**.
Conclusion datée		DANS LE JOUR 24ᵉ, pour LE MOIS LE 6ᵉ…

La délimitation des parties tient compte des inclusions et des thèmes internes. Dans le membre C, les v. 5 et 6 vont ensemble et cela vaut aussi pour les v. 7 et 8. Les noms, dans les v. 1.12.14, se font également écho. Si l'on considère le premier discours dans son ensemble et en regroupant les parties telles qu'elles se font écho par des inclusions, nous obtenons une structure globale en parallélisme inversé[156].

Beaucoup d'auteurs ont trouvé dans le v. 8 une résolution du problème évoqué au v. 6 et repris dans les v. 9-11, ainsi qu'un résumé de la finalité du projet : bâtir le Temple pour la gloire de « *YHWH des Armées* ». Mais en considérant les inclusions trouvées en 1,1b-4 et le rattachement possible entre les v. 5 et 6 ainsi qu'entre les v. 7 et 8, tout cela nous conduit plutôt à penser à une construction en symétrie parallèle pour cette section[157]. Les utilisations du mot « maison » (8 fois) pour les habitations humaines et l'édifice réservé à YHWH, pour les travaux au Temple (1,8.14) et l'allusion faite aux œuvres humaines (1,6.9-11), dénotent une organisation textuelle qui vise à attirer l'attention sur les actions des personnages. Quant à la partie narrative 1,12.14, elle est unique. La reprise des noms dans ces deux versets harmonise cette section finale et la met en parallèle avec 1,1. Cette partie narrative est une réponse, une réaction à l'état général relevé dans 1,2-11.

Quant au schéma partiel *concentrique*[158] en 1,1-15, il pourrait bien se justifier par la présence des constructions thématiques rappelant des sections de texte dans lesquelles se glisse l'essentiel du message et sur lesquelles se greffent les autres sections. Ces éléments thématiques devraient ressortir du texte comme des résumés (éléments connus) de la Révélation et inscrire la prophétie d'Aggée dans le corpus des exhortations à revenir à l'Alliance et à toujours se rappeler la

---

[156] B.W. SWINBURNSON, « The Rhetoric of the Post-Exilic Prophetic Reversal : Chiasmus in Haggai 1:1-15. A Structural and Biblical-Theological Analysis », dans *JNTS* 23 (2008), p. 54-74. Cette étude permet de considérer les oracles et les parties narratives dans les échos qu'ils se font mutuellement lorsqu'on lit Ag comme une unité littéraire cohérente.

[157] J. KESSLER, *The Book of Haggai*, p. 110-111.

[158] Les travaux de D.A. DORSEY, *The Literary Structure of the Old Testament. A Commentary of Genesis-Malachi,* Grand Rapids, Baker Books, 1999, p. 316 et la thèse de F.Y. PATRICK, *Haggai and the Return of Yahweh*, 2006, p. 106 éclairent à merveille cette approche. Une structure concentrique pour les première et deuxième sections est possible. A et A' expriment le reproche et sa conséquence (les effets du message) ; en B et B' nous avons les questions comme nœud structurant ; en C et C' les malaises dans les chants et le pivot central D avec lequel on perçoit le pic du message. Ces sommets de structure sont en 1,8 et 2,5. Et tenant compte de la construction de 1,12-15, le v. 13 devient un autre pic du message. Les v. 12 et 14 se font écho et le v. 15 étant en inclusion avec 1,1. Cet agencement dans les parties ne nous convainc pas totalement, surtout au niveau de 1,8 même si ce passage résume le vœu divin dans la prophétie.

présence de YHWH. Nous ne pensons pas que c'est le cas pour le v. 8. Les v. 5 et 7 placent le v. 8 au même niveau que le v. 6. Les ruines du Temple riment avec la sécheresse climatique. Le v. 13, au ton prophétique, se rapproche, nous semble-t-il, des v. 12 et 14 par des rapports entre les mots « YHWH », « prophète » et « peuple ». Ce rapprochement correspond à l'assurance que donne le message du v. 13.

✓ Une réaction au message prophétique

La sous-section 1,12-14 met l'accent sur YHWH (7 fois) et le peuple (4 fois) invité à le connaître et à s'engager pour Lui. L'effort de conscientisation est remarquable. Le peuple a éprouvé de la crainte devant le Seigneur et s'est mobilisé pour son œuvre (1,12). Des informations s'accumulent en Ag 1,12.14 sur la réaction au message prophétique et l'action divine sur l'ensemble de la communauté : le roi, le grand-prêtre et le peuple. Ce dernier réagit positivement et alors il y a surcroît dans l'action divine. La parole prophétique provoque l'écoute, la crainte et le retour à YHWH.

Les informations sur la réaction du peuple encadrent les interventions de YHWH (1,12b.14b). En spécifiant sa relation au peuple (« moi, [je suis] avec vous » 1,13), YHWH donne un oracle spécial, où pour une fois seulement, le prophète s'adresse au peuple. L'appel à la réflexion est placé entre des mots qui indiquent la réalité du moment (1,5-7). Pour être efficace, l'éveil doit rencontrer un processus de prise de conscience et de mobilisation. C'est le rapport que nous établissons entre l'appel à la réflexion (1,5.7) et l'évocation de l'écoute, l'obéissance à la parole de YHWH en début de la sous-section 1,12-14. Le réveil est un acte divin dont nous avons également des attestations en 2 Chr 36,22 ; Esd 1,1 ; Is 13,17 ; 41,2 ; 45,13 ; Za 9,13 ; 13,7.

3.2. *Discours prophétique II : Ag 1,15b-2,9*

Au niveau thématique, le deuxième discours se situe entre reproche et encouragement : le reproche du début (A) contraste avec le message d'espérance à la fin du discours (A'), les éléments en B et B' sont des encouragements renforcés par des exhortations en C et C', et enfin l'ensemble a comme centre (X) le rappel de l'Alliance conclue en Égypte.

Introduction datée	**A** 1,15b-2,3	DANS L'AN 2 pour le roi Daryawèsh. Dans le 7e, dans le 21e du mois, il y eut la parole de YHWH par la main d'Aggée, le prophète, pour dire : Dis, s'il te plaît, à Zerubbabel, fils de Shéaltiël … et au reste du peuple, pour dire
Gloire de la maison		… qui a vu *cette maison*, dans *sa gloire* la première ? … N'est-elle pas comme *rien* à vos yeux ?
Encouragement et exhortation à travailler	**B** 2,4a	*Et sois fort Zerubbabel*, …sois fort *tout le peuple de la terre*, oracle de YHWH des Armées ! Et travaillez !
Section II — Assurance	**C** 2,4b	**car moi avec vous**, oracle de YHWH
Alliance conclue en Égypte	**X** 2,5a	Selon la parole que j'ai conclue avec vous pendant votre sortie d'Égypte,
Assurance	**C'** 2,5b	**et mon esprit demeure parmi vous**, ne craignez pas !
Ébranlement des nations	**B'** 2,6-7a	… *moi j'ébranlerai les cieux et la terre*, … Et *j'ébranlerai toutes les nations* et les richesses de toutes les nations viendront
Gloire de la maison	**A'** 2,7b-9	Alors je remplirai *cette maison* de *gloire*, dit YHWH des Armées. À moi l'argent et à moi l'or, oracle de YHWH des Armées. Grande sera la *gloire de cette maison*, … dit YHWH des Armées,
Lieu et don de paix		et DANS CE LIEU-CI, je donnerai paix, oracle de YHWH des Armées.

Les paroles en **A** portent sur la question de « la gloire première » de la maison comparée au « rien » du présent, alors que **A'** concerne le retour de cette gloire et la promesse de la paix. La gloire et la paix sont le contraire de l'ébranlement cosmique et des malaises économiques (Nb 14,21 ; Ps 72,19 ; Is 6,3 ; 9,6-9). Si **A** inscrit le discours dans le temps, **A'** situe la parole prophétique dans un lieu précis. **B** et **C** portent sur l'encouragement, l'assurance par YHWH pour tout son peuple, tandis que **B'** est une annonce de l'ébranlement de toutes les nations. **C'** récapitule **C** en précisant que l'esprit de YHWH « demeure parmi » son peuple afin qu'il n'ait pas peur. L'axe central (**X**) est un rappel de l'Alliance conclue avec YHWH lors de la sortie d'Égypte.

Si le peuple fait comme YHWH le lui a demandé, tout se passera pour lui comme au temps de la libération d'Égypte. Pour le peuple, l'encouragement en 2,4a (« Sois fort ») se situe dans le même rapport d'incitation à l'action que l'ébranlement des nations en 2,6.7a. Ces deux actions participent au retour vers YHWH par le travail et permettent la présentation de l'argent et de l'or au

Temple. Ainsi, YHWH se fait connaître par les encouragements et la manifestation de sa puissance devant les nations. L'esprit, présence de YHWH, demeure avec le peuple. Nous avons aussi des allusions à ce mode de présence divine en Nb 11,17.25.29 et en Is 63,11.14. La parole d'assurance « N'ayez pas peur » se lit également en de nombreux endroits : Gn 15,1 ; 21,17 ; 26,24 ; 46,3 ; Ex 14,13.31 ; Jos 8,1 ; 10,8 ; 11,6 ; Jg 6,23 ; Za 8,13.

Les v. 7-8 orientent l'attention sur les richesses qui afflueront dans le Temple. Le mot « hemdat » au v. 7 désigne « les choses désirées » (*BDB*, 2012, p. 326, colonne b, § 2532). Ces choses désirées sont représentées par l'or et l'argent qui sont des biens de grande valeur et des objets de gloire. Ces richesses des nations peuvent se comprendre comme un résultat du travail réalisé suite à l'exhortation de 2,4 : « Agissez ».

3.3. *Discours prophétique III : Ag 2,10-19*

Section III			
	Introduction datée	**A** 2,10	**Dans le 24e** pour le 9e (mois), dans l'an 2 de Daryawèsh, il y eut la parole de YHWH à Aggée le prophète, pour dire
	Questions sur le consacré et l'impureté Toute l'œuvre de leurs mains	**B** 2,11-14	Ainsi dit YHWH des Armées : … Si un homme porte de la viande de consécration ... et touche avec …, est-ce que ce *sera consacré* ? Et répondirent les prêtres et dirent : Non. Et dit Aggée : *Si* touche un impur … à toutes ces choses, est-ce que ce sera impur ? Et répondirent les prêtres et dirent : Ce sera impur. Et répondit Aggée et dit *:* … **et ainsi toute l'œuvre de leurs mains.** Et ce qu'ils présentent là, *impur est.*
	Réflexion sur le jour et les insuffisances : toute l'œuvre de vos mains	**B'** 2,15-19a	Et maintenant, placez, s'il vous plaît, votre cœur, à partir de ce jour, et par la suite... Avant que cela soit, on venait à un tas de 20 et il y avait 10… Je vous ai frappés par la rouille et par la nielle et par la grêle, **toute l'œuvre de vos mains**...oracle de YHWH. Placez, s'il vous plaît, votre cœur à partir de ce jour, et par la suite. À partir du jour vingt-quatre pour le neuvième… Est-ce qu'il y avait encore de la semence dans le grenier, et jusqu'à la vigne, et le figuier et le grenadier et l'arbre de l'olivier n'a pas porté.
	Jour de bénédiction	**A'** 2,19b	À partir de **ce jour**, je bénirai.

Ce troisième discours récapitule la situation générale des œuvres humaines avec des rendements faibles et l'appel à la prise de conscience par le peuple. « Toute l'œuvre de leurs mains » est « impure » (v. 14) et « toute l'œuvre de vos mains » est frappée par « la rouille, la nielle et par la grêle » (v. 17). On constate ici curieusement un lien inédit entre l'impureté et l'insuffisance dans les réalisations humaines. Mais à ce message intrigant s'ajoute, comme par correction divine, l'annonce de la bénédiction. La Torah se comprend en effet comme un enseignement et une directive. L'idée contenue dans cette parabole du pur et de l'impur apparaît également en Ml 1,7-14. Les v. 12-14 suivent le vocabulaire des règles de pureté comme en Lv 11-16 ; 22,4 et Nb 19,11-16.

✓ Présence malgré les deux pôles : « frapper » et « bénir »

Ag 1,6.10.11 et 2,16-17 donnent l'impression que Dieu éprouve son peuple. Dieu est-il celui qui frappe (2,17) et souffle (1,9) sur les produits de l'action humaine pour attirer l'attention de ses créatures ? « *The sovereign God, whom Haggai so clearly portrays, surely works in ways less transparent than Haggai suggests* ».[159] Il se profile ici une évidence du message divin : la certitude et l'effectivité de l'action de Dieu malgré le découragement de l'homme. Le Dieu de 2,17 est étonnamment le même qui sollicite, exhorte et bénit (2,19). Ce Dieu demeure présent et attentif à la condition humaine, non pour punir mais pour indiquer les priorités et les urgences pour l'homme.

3.4. *Discours prophétique IV : Ag 2,20-23*

	À Zerubbabel et ébranlement	**A** 2,20	Il y eut la PAROLE DE YHWH … à Aggée dans le 24è pour le mois, pour dire : *Dis à Zerubbabel, gouverneur de Juda, pour dire :* moi, ébranlant les cieux et la terre
Section IV	Ébranlement des nations, char et homme	**B** 2,21	**Et je renverserai** trône des royaumes **et** je détruirai force des royaumes des nations
		B' 2,22	**Et je renverserai** char et ceux qui le montent ; **et** descendront chevaux et leurs cavaliers, chacun par l'épée de son frère.
	Élection de Zerubbabel	**A'** 2,23	Dans ce jour, ORACLE DE YHWH DES ARMÉES, je te prendrai *Zerubbabel*, fils de Shéaltiël, mon serviteur, oracle de YHWH et je te placerai comme le sceau. Car je t'ai choisi, ORACLE DE YHWH DES ARMÉES !

Les v. 21-22 renferment tout ce qui n'arrivera pas à Zerubbabel. Le v. 23 est une clausule sur la promesse et est significativement marqué par l'expression « oracle de YHWH » (3 fois). **A** et **A'** font un lien autour de la personne de Zerubbabel, l'élu, en reprenant d'une part le châtiment des nations et d'autre part, en trois actions (« prendre », « placer » et « choisir »), le choix divin de son

---

[159] J.M. O'BRIEN, « Haggai », dans G.R. O'DAY et D.L. PETERSEN (éds), *Theological Bible Commentary*, Louisville, Westminster John Knox Press, 2009, p. 284.

serviteur de prédilection. L'intervention singulière de YHWH passe par des actions exprimées à la première personne du singulier. **B** précise en quoi consiste l'ébranlement, en partant d'une expression plus générale (les royaumes) à une expression plus particulière (un homme). Cet ébranlement peut se comprendre comme un signe soit de peur (Ez 12,18), soit de tremblement à l'approche de YHWH (Ez 38,20) à cause de la destruction des puissances terrestres (Is 14,16 ; Jr 47,3 ; Ez 3,12-13). Il peut se comprendre aussi comme un événement apocalyptique (Jg 5,4 ; 2 S 22,8 ; Ps 68,9 ; Is 13,13 ; 29,6).

4. Structure d'Ag

Dans le livret d'Aggée, les thèmes identiques et leurs variations internes conduisent à un regroupement en quatre sections[160] présentant entre elles une symétrie parallèle. Le parallèle au discours I (1,1-15a) se trouve dans le discours III (2,10-19). Leurs éléments structurants sont en 1,5-7 et en 2,15-18. Ces deux discours contiennent les impératifs à réfléchir « sur les voies » et « le jour ». Nous y ajoutons les thèmes sur les insuffisances des moyens de subsistance en 1,6.9-11 et en 2,16-17.19a avec le même vocabulaire concernant les produits du travail humain. Le discours IV (2,20-23) est parallèle au discours II (1,15b-2,9) si l'on met en évidence les v. 6.7//21.22 traitant de l'ébranlement associé au thème de la prospérité accordée par YHWH (2,9 et 23). Et à y regarder de près, la composition de 1,1-5.7-8 et 2,1-5 présente la symétrie suivante : la date / le destinataire / le reproche et l'exhortation. Cette construction nous pousse à faire des discours I et II des têtes de structure. La première péricope (1,1-5.7-8) commence l'une des prophéties de reproches tandis que la seconde (2,1-5) commence l'une des prophéties d'encouragements. Ainsi, la structure de l'ensemble du texte peut se résumer en **A+B//A'+B'**. Sa macrostructure se résume ainsi en ce tableau :

[160] Cette répartition en quatre discours parallèles, mais sous deux unités textuelles, fait l'essentiel de l'étude d'E. ASSIS, « Haggai : Structure and Meaning », dans *Bib.* 87 (2006), p. 532-535.

Ag					
	1,1-15a	I.	Réflexion, insuffisance	**A** 1,1 et 5-7.11	...il y eut la parole de YHWH par la main d'Aggée, le prophète ... ainsi dit YHWH des Armées : **Placez vos cœurs sur vos chemins**. Vous avez <u>semé beaucoup</u> et vous ramenez <u>peu</u>, ... Ainsi dit YHWH des Armées : **Placez vos cœurs sur vos chemins**. ... <u>J'ai appelé la sécheresse</u>... sur le blé et sur le vin et sur l'huile fraîche et sur ce que fait sortir le sol... et sur toute l'œuvre des mains.
	1,15b-2,9	II.	Ébranlement des nations et bénédiction	**B** 2,4.6-7	...sois fort <u>*Zerubbabel*</u>, oracle de YHWH ... <u>*moi j'ébranlerai les cieux et la terre*</u>, ... *Et j'ébranlerai* <u>*toutes les nations*</u> et les richesses de toutes <u>*les nations*</u> viendront ...
	2,10-19	III.	Réflexion insuffisance	**A'** 2,15-19	Et maintenant, **placez, s'il vous plaît, votre cœur, à partir de ce jour**, ... on venait à un tas de <u>20</u> et il y avait <u>10</u>. On venait à la cuve pour puiser <u>50</u> (mesures), et il y avait <u>20</u>. Je vous ai frappés par la rouille et par la nielle..., toute l'œuvre de vos mains, ... **placez vos cœurs**. Est-ce qu'il y avait encore (de) <u>la semence</u> dans le grenier, et jusqu'à la vigne, ... et l'arbre de l'olivier n'a pas porté. À partir de ce jour, <u>je bénirai</u>.
	2,20-23	IV.	Ébranlement des royaumes et élection	**B'** 2,21-22	*Dis à* <u>*Zerubbabel*</u>, <u>*gouverneur de Juda*</u>... : <u>*moi, ébranlant les cieux et la terre*</u>. **Et je renverserai** trône des royaumes **et** je détruirai force des royaumes <u>*des nations*</u>. ... je te prendrai, <u>*Zerubbabel*</u> <u>*fils de Shéaltiël*</u> (comme) mon serviteur..., et je te placerai comme le sceau. Car toi je (t') ai choisi, ...

Dans leurs suscriptions, **A** et **B**, ayant en commun la formule « par la main d'Aggée », énoncent les faits dont l'expression concrète se retrouve dans **A'** et **B'** qui ont, par contre, l'expression « à Aggée » dans leurs suscriptions. La souscription de **A'** ne contient ni le mot « mois », ni les groupes « Josué, fils de Yehotsadaq, le grand-prêtre » et « le reste du peuple ». Ce qui ne figure pas également dans la souscription de **B'** qui n'indique pas le nom « Daryawèsh ». Le mot « beaucoup » en **A** correspond aux quantités 20 et 50 en A' tandis que « peu » se rapporte à 10 et 20 dans **A'**. Le rapport est de 10 pour 20 et 20 pour 50. Entre le faible rendement et les grandes ressources engagées, la différence est énorme.

La prophétie lance un appel à examiner cette réalité dans le présent et pour l'avenir, surtout avant qu'on ne commence à « placer pierre sur pierre dans le Temple de YHWH » (2,15). La refondation du Temple pourra changer la situation car la sécheresse (1,11) laissera la place à la bénédiction (2,19). L'ébranlement des nations touche « les royaumes des nations », le « char » et leurs conducteurs, les « chevaux et leurs cavaliers » (2,22). Le renversement de la force des nations est à l'antipode du retour de la gloire dans le Temple, de la bénédiction et de l'élection du « serviteur » de YHWH.

5. La dynamique textuelle

Le texte d'Aggée suit une certaine évolution perceptible dans la désignation des destinataires, les reprises et l'agencement du mot « jour » dans les différents discours prophétiques. En revenant sur les noms des personnes, la prophétie va du général au particulier : elle commence par un constat sur l'attitude du peuple et continue en spécifiant et en nommant les concernés de façon toute particulière. Sous le prisme du mot « jour », la précision sur le moment de l'intervention divine semble se concentrer vers la fin du livre (2,15-19.23).

5.1. *Autour des destinataires*

Chaque discours est une parole de YHWH relayée par Aggée, le prophète. Une présentation nominale des destinataires et un retour permanent vers chacun d'eux marquent l'évolution des discours (1,1 ; 2,1.10.21). Ag 2,2 est la première adresse à mentionner le peuple. Des différences dans la désignation du peuple sont visibles à l'intérieur des discours : « le reste du peuple » (1,12.14), le peuple (2,4) et le peuple relié à la nation (2,14). Ag 2,10-13 met en exergue les prêtres répondant aux questions prophétiques. Le tout culmine dans l'évocation du peuple (2,14) et du gouverneur Zerubbabel (2,23)[161]. Aggée est présenté en tant que prophète et messager. Zerubbabel et Josué sont quant à eux présentés avec leur origine parentale (fils de) et leur attribution (gouverneur et grand-prêtre), sauf certaines variations pour Zerubbabel en 1,12.14 ; 2,4.21.23. Le nom

---

[161] Sur les notions d'autorité théocentrée, de gouvernement et gouvernance chez Ag (un type de gouvernement sous forme de tandem : le gouverneur Zerubbabel, leader politique et le leader religieux, le grand prêtre Josué), lire D.F. O'KENNEDY, « Haggai and Zechariah 1-8 : Diarchic Model of Leadership in a Rebuilding Phase », dans *Scriptura : International Journal of Bible, Religion and Theology in Southern Africa* 102 (2009), p. 579-593. D.F. O'KENNEDY, « The Importance of three Judahite Figures in the Book of Haggai: Zerubbabel, Joshua, and Haggai », dans *Journal for Semitics* 29 (2020), p. 1-16. D.B. SCHREINER, « Zerubbabel, Persia, and Inner-Biblical Exegesis », dans *Journal for the Evangelical Study of the Old Testament* 4 (2015), p. S. SCHULZ, « Zerubbabel, Joshua and the Restoration of the Temple – A Comparative Approach to the Concepts of Leadership in Haggai/Zech 1–8 and Ezra 1–6 », dans K. PYSCHNY et S. SCHULZ (éds), *Transforming Authority : Concepts of Leadership in Prophetic and Chronistic Literature* (BZAW, 518), New York – London, de Gruyter, 2021, p. 263-292. Sur le théocentrisme d'Aggée, voir R. KASHER, « Haggai and Ezekiel : The Complicated Relations Between the Two Prophets », dans *VT* 59 (2009), p. 556-582.

de Josué disparaît lors de l'interrogatoire adressé aux prêtres et n'apparaît plus dans le texte. Tous sont, soit destinataires, soit concernés par le message. Voici le schéma que cette analyse des noms nous offre :

> I. 1,1 … *il y eut la parole* ***de YHWH*** *par la main* ***d'Aggée, le prophète***
> à **Zerubbabel**, fils de Shéaltiël, gouverneur de Juda et
> à **Josué**, fils de Yehotsadaq, le grand prêtre,
> 1,2 Ce peuple… (1,2).

→ L'oracle est une accusation contre le peuple, le gouverneur et le grand-prêtre en sont les destinataires.

> 1,12 Alors **Zerubbabel,** fils de Shéaltiël,
> et **Josué,** fils de Yehotsadaq, le grand-prêtre
> et **tout le reste du peuple** ont écouté…

→ Les 3 sont sujets agissants.

> 1,14 Et YHWH réveilla l'esprit de **Zerubbabel**, fils de Shéaltiël, *gouverneur de Juda,*
> et l'esprit de **Josué**, fils de Yehotsadaq, le grand-prêtre,
> de même que l'esprit de **tout le reste du peuple.**

→ Ils sont les concernés.

> II. 2,1 … *Il y eut la parole* ***de YHWH*** *par la main* ***d'Aggée, le prophète,***
> 2,2 Dis, s'il te plaît, à **Zerubbabel**, fils de Shéaltiël, gouverneur de Juda,
> et à **Josué**, fils de Yehotsadaq, le grand-prêtre
> et au **reste du peuple**,
>
> 2,4 … sois fort **Zerubbabel**, *oracle de YHWH* !
> Et sois fort **Josué**, fils de Yehotsadaq, le grand-prêtre !
> Et sois fort, **tout le peuple de la terre**, *oracle de YHWH des Armées !*

→ La formule de 2,4 est abrégée pour Zerubbabel.

III. 2,10	... *il y eut la parole de* ***YHWH*** *à* ***Aggée le prophète****, pour dire*
2,11	*Ainsi parle* ***YHWH des Armées*** *:* Demande, s'il te plaît, **aux prêtres** un enseignement
2,14	… Ainsi **ce peuple** et ainsi cette nation devant moi, oracle de **YHWH**, …

→ Dès le v. 11, chaque personnage est concerné en particulier. Au v. 14, le peuple écope de sa deuxième accusation. Les prêtres répondent aux questions en 2,12-13.

IV. 2,20	... *il y eut la parole de* ***YHWH*** *à* ***Aggée le prophète****, pour dire*
2,21	Dis à **Zerubbabel, gouverneur de Juda**,

→ Zerubbabel est le destinataire.

2,23	… je prendrai **Zerubbabel, fils de Shéaltiël,** ***mon serviteur***, oracle de YHWH …

→ Les v. 10 et 20 font aussi une inclusion. Le couronnement de Zerubbabel est annoncé en 2,23.

En 1,1 la souscription n'indique pas le nom du peuple. C'est en 2,1 que « le reste du peuple » est ajouté au « gouverneur » et au « grand-prêtre ». La sous-section 2,10-14 contient des questions adressées aux prêtres qui doivent se prononcer sur la sainteté et la pureté de la nation. La sous-section 2,15-19 semble avoir une portée plus générale impliquant toute la nation et tout le peuple, tandis que le dernier discours en 2,20-23 concerne le serviteur de YHWH[162]. Ces variations internes plaident pour l'autonomie de chacun des quatre discours prophétiques. Les différents liens thématiques et les répétitions de mots interviennent dans la structuration. Des passages comme 1,11 et 2,14.17 avec allusion aux œuvres humaines illustrent ce constat. En dehors des suscriptions, les noms des destinataires se rencontrent en 1,12-14 et en 2,4.12.13 et 23. Ces éléments sont répartis de manière à maintenir l'attention du lecteur éveillée en ce qui concerne ces destinataires.

[162] D.L. PETERSEN, *Haggai and Zechariach 1-8*, 1984, p. 95.

5.2. *Par des reprises dans les oracles*

Par plusieurs éléments, la construction du texte présente des mises en chaîne et des symétries terminologiques très suggestives. Considérons par exemple les doublets : 1,4 et 1,9 ; 1,5 et 1,7 ; 1,12b et 2,5b ; 1,13 et 2,4 ; 2,6-7 et 2,21-22[163]; 2,15 et 2,18.

1,[4] le temps est-il pour vous-mêmes, vous d'habiter dans vos MAISONS lambrissées et cette MAISON (EST) EN RUINE ?
1,[9] … À cause de ma maison qui elle, est EN RUINE, alors que vous vous précipitez chacun dans sa propre MAISON.

1,[5] … ainsi *dit* YHWH *des Armées* : PLACEZ VOS CŒURS SUR VOS CHEMINS
1,[7] *Ainsi dit* YHWH *des Armées :* PLACEZ VOS CŒURS SUR VOS CHEMINS

1,[12b] Ainsi le peuple craignit devant YHWH. 2,[5b] Ne craignez pas !

1,[13] … MOI AVEC VOUS, *oracle de* YHWH !
2,[4] … Car MOI, AVEC VOUS, *oracle de* YHWH !

2,[15] … **placez, s'il vous plaît, votre cœur,** à partir de ce jour et par la suite…le temple de YHWH.
2,[18] **Placez, s'il vous plaît, votre cœur** à partir de ce jour et par la suite…le temple de YHWH, **placez vos cœurs !**

Les couples 1,5.7 et 2,15.18 contiennent quatre appels à la réflexion ayant chacun son orientation spécifique : 1,5.7 avec une orientation de la réflexion vers les voies de la vie tandis qu'en 2,15.18, il s'agit de tenir compte « de ce jour (le 24e) et par la suite ». Le verbe à l'impératif en début des deux derniers versets est suivi de la particule déprécative נא (s'il vous plaît), absente en 1,5.7. Cette particule renforce l'injonction exprimée au début de 2,15.18. Le parallélisme entre ces deux couples se retrouve également dans les thèmes : examiner ses chemins par rapport aux malaises présents et à « la maison en ruine » (1,4.9). La « maison en ruine », opposée aux demeures confortables, et les insuffisances dans les ressources humaines sont à considérer ensemble. Cette évocation de l'examen lie Ag 1,5-11 à 2,15-19. Ces inclusions donnent une nouvelle orientation à la prophétie et maintiennent bien la logique dans l'argumentation.

---

163 J. KESSLER, « Haggai, Zerubbabel and the Political Status of Yehud : The Signet Ring in Haggai 2:23 », dans M.H. FLOYD et R.D. HAAK (éds), *Prophets, Prophecy and Prophetic Texts in Second Temple Judaïsm* (Library of Hebrew Bible/Old Testament Studies, 427), Atlanta, 2003, p. 106.

5.3. *Sous le prisme du terme « jour »*

Il y a lieu de constater la répétition du mot « jour » (8 fois) dans la prophétie. L'insistance sur ce mot et la reprise des dates indiquent clairement qu'il y a un moment où le peuple doit assumer sa part pour nouer avec YHWH une relation au-delà du temps. Ce moment reste une urgence suggérée par la fréquence du mot « jour » comme indiqué dans les tableaux ci-dessous :

Aggée 1,1.	Dans l'an 2e, pour Daryawèsh le roi,
	dans le 6e mois,
	au **1er jour** pour le mois,
1,15.	Au **24e jour**,
	pour le 6e mois
	dans l'an 2e pour Daryawèsh le roi.

Observation : alors que le mot est à la fin du v. 1, il conclut emphatiquement le discours prophétique I en commençant le v. 15.

Aggée 2,1.	Au septième mois,
	au **vingt-unième jour** du mois,
2,10.	Au (jour) **vingt-quatre**
	pour le neuf (neuvième mois),
	pendant l'an deux de Daryawèsh,
2,15.	à partir de **ce jour** et par la suite. …
2,18.	… à partir **de ce jour**
	À partir du **jour vingt-quatre**
	À partir **du jour où**
2,19.	… **à partir de ce jour**, … 20. … à Aggée **au vingt-quatre** (jour) pour le mois…
2,23.	**Dans ce jour**, oracle de YHWH des Armées…

Observation : le v. 1 mentionne le 21e jour du mois. Au v. 10, le texte ne cite plus le mot « jour » ni le mot « mois ». Nous lisons le 24 (c'est le jour) et le 9 (entendre par là le neuvième mois). Le v. 23 commence presque comme 1,15 à la différence qu'il utilise le démonstratif plutôt que l'ordinal. Et en 2,10.18.20, le jour est le 24ème. « Ce jour-là » est encore repris au v. 19. Là, c'est le moment de la bénédiction. Sa fréquence dans le chapitre 2 prolonge et confirme l'importance de son positionnement en inclusion au chapitre 1.

Conclusion

Une analyse des différentes sections nous a permis de découvrir la prophétie dans son déroulement formel et sa logique interne comme une organisation harmonieuse[164]. Ainsi, nous subdivisons le texte en sections et sous-sections. Les marqueurs de structure passent par les divers indices au sein de ces sections, à savoir le vocabulaire, les indications chronologiques et les évocations des destinataires des messages prophétiques.

En considérant les sections, nous constatons que 1,1-15 présente une construction à symétrie inversée. Les éléments en 2,5 peuvent être pris comme l'axe central au message de 2,1-9, donnant ainsi au deuxième discours une structure concentrique. Cet axe central rappelle l'Alliance avec YHWH. L'entretien avec les prêtres (2,10-14) se présente en questions-réponses : A : Question et B : Réponse sur la qualité de toute l'œuvre des mains humaines. Si l'on prend la série de questions comme un tout et l'appel à la réflexion (2,15-19a) comme un autre ensemble, nous avons là une symétrie construite autour de l'œuvre humaine qui est impure et frappée d'insuffisance (petites quantités) et de maladies (la nielle et la rouille). La note au sujet de l'impureté et de l'insuffisance des ressources part d'un constat fait sur la vie du peuple. Aussi, pensons-nous, que les textes des sections 2,10-19 et 2,20-23 forment respectivement une structure presque parallèle aux deux discours précédents. Ce parallélisme est perçu dans la relation interne que ces deux parties entretiennent avec la première partie du texte. Le rapport interne permet ainsi d'apparier 1,1-15 avec 2,10-19 et 2,1-9 avec 2,20-23.

Les formules circonstancielles situent les discours dans le temps et/ou dans un lieu. Le discours I couvre la période du 1er au 6ème mois de l'an 2 de Daryawèsh jusqu'au 24 du même mois. Le discours II est du 21ème jour du 7ème mois de l'an 2 de Daryawèsh. Les 3ème et 4ème discours arrivent le 24ème jour du 9ème mois de la même année. Les discours III et IV se terminent en indiquant en inclusion le jour signalé dans leur souscription. Le discours II se termine sur une circonstance de lieu.

---

164 E.R. WENDLAND, « The Structure, Style, Sense and Significance of Haggai's Prophecy concerning the 'House of the Lord' – with Special Reference to Bible Interpretation and Translation in Africa (Part one) », dans *OTE* 18 (2005), p. 907-926. La deuxième partie de cette étude se trouve dans *OTE* 19 (2006), p. 281-306.

Pour l'ensemble, la structure décrit une symétrie en parallèle simple de type AB//A'B'. Le message se divise ainsi en quatre grandes sections ayant chacune en parallèle des passages composés de mêmes formes. Cette formalisation tient également compte de la composition des incipits denses et réduits contenant les noms des destinataires et des formules circonstancielles (de temps ou de lieu) comme éléments indicateurs de structure.

Le texte fait intervenir le prophète devant les chefs du peuple dans le but d'atteindre progressivement la couche sociale visée par le message. Les interpellations et les encouragements évolueront dans ce sens pour montrer que chaque couche de la population a un rôle à jouer dans la destinée future d'Israël. Ag 1,1-2 désigne les destinataires ou tous ceux qui sont concernés ; et quand ces noms reviennent au v. 14, c'est pour marquer la fin d'une étape dans l'énonciation : l'expression « le peuple » apparaît dans la série des destinataires. La présence des impératifs et les inclusions mettent en évidence les appels urgents à l'action et précisent ce que la prophétie entend dire au peuple et à ses responsables. C'est le cas de 1,8 et 2,4b, sans oublier 1,5.7 et 2,15.18.

Par deux fois (1,13 et 2,4), la parole d'assurance que Dieu est bien présent en dépit des préoccupations du peuple trop pris par ses propres œuvres, porte à conclure que la prophétie accentue cette notion de présence divine[165]. Celle-ci est en elle-même un impératif de choix et d'investissement pour YHWH dans le quotidien, une expression du devoir de régulation équilibrée et permanente de la vie de l'homme par rapport à l'Alliance avec YHWH et aussi par rapport aux conventions de la société.

La structure donne ainsi à voir la réalité dans une symbiose entretenue autour de l'Alliance qui fonde l'équilibre entre les actions communautaires pour Adonaï et celles pour la prospérité de la communauté. Globalement, le texte présente l'aboutissement, la reconnaissance de l'obéissance et du retour à YHWH, et la manifestation de la présence de YHWH par ses actions et ses paroles. La conséquence (pour Dieu et pour le peuple) se joue dans ces paroles sur la splendeur (la gloire) future du Temple (changement de ton dans le langage et promesse de la paix et de la bénédiction), et enfin la conclusion porte sur l'élection et la promesse. YHWH s'est trouvé un serviteur. C'est une évolution rassurante du peuple de l'Alliance vers l'avenir et dans des perspectives pleines

---

[165] D.C. TIMMER, « 11 The Nations in Haggai », dans D.C. TIMMER, *The Non-Israelite Nations in the Book of the Twelve. Thematic Coherence and the Diachronic-Synchronic Relationship in the Minor Prophets* (Biblical Interpretation Series, 135), Leiden, Brill, 2015, p. 169-176 (surtout la page 170).

de confiance. La réaction positive du peuple est révélée par la crainte « devant YHWH » (1,12), le retour au travail et elle peut être consécutive à l'assurance de la proximité divine.

Conclusion générale

> Aggée risque une parole de vie pour le peuple de Dieu [...] une parole spécifique pour une situation spécifique [...] La parole d'Aggée pointe vers l'avenir attendu de Dieu...[166]

1. Unité, structure et sens d'Ag

La composition harmonieuse et unifiée du texte d'Aggée suscite plus d'une curiosité. Plusieurs recherches exégétiques permettent d'appréhender l'écrit, de l'approfondir et de l'étudier comme un tout autonome, comme une unité à part entière. Ces recherches s'intéressent à la composition, au genre, aux thèmes, à la rhétorique, à la structure du livre. Son analyse littéraire et son approche du point de vue de la structure manifestent les subtilités de la rhétorique biblique. Cette analyse est également une voie pour approcher quelques particularités du génie littéraire des prophéties bibliques et montrer comment la lettre motive et pousse à l'action.

Les répétitions dans le texte sont des appuis solides aux discours et des moyens utilisés pour indiquer la gravité du moment. Les inclusions aident à percevoir les sous-sections. Les reprises textuelles et les indices circonstanciels lient et harmonisent les différentes sections. Les noms des destinataires dans les suscriptions parlent de Zerubbabel et Josué (discours I), de Zerubbabel-Josué et du reste du peuple (discours II) ; ils signalent seulement « les prêtres » (discours III) et concernent Zerubbabel (discours IV). Cet ordre indique la progression du message et son lien avec toute la communauté. En insistant sur le thème de « la maison à construire », sur celui des insuffisances dans les réalisations humaines et de l'ébranlement des nations, la prophétie d'Aggée se présente en quatre discours dont le 3ème (2,10-19) est parallèle au 1er (1,1-15a), et le 4ème (2,20-23) parallèle au 2ème (1,15b-2,9). Le parallélisme régulier du livret d'Aggée fait ainsi résonner, dans une connexion mesurée, les faits et les événements de chaque instant. Comme tout autre texte, Ag n'est nullement une présence fortuite ou un écrit *sui generis*. La prophétie est bien liée à une situation concrète et située dans un univers langagier précis.

---

166 J. Ferry, « Le livre d'Aggée », dans J. Asurmendi, J. Ferry, A. Fournier-Bidoz et J. Nieuviarts, *Guide de lecture des prophètes,* Paris, Bayard, 2010, p. 565-566.

Ce livre, à la fois prophétique et cultuel, renseigne sur la réalité sociale et économique, ainsi que sur les attentes du peuple rescapé de l'Exil. Sa structure d'ensemble lui donne une harmonie incontestable. Dans son étude sur 2,1-9, B.W. Swinburnson ne manque pas de formuler cette appréciation :

> Far from evidencing the hand of a clumsy editor who mindlessly pasted together isolated prophetic units; this macrostructure beautifully reveals the magnificent literary genius of the inspired prophet. Drawing upon a multitude of rhetorical and literary devices and techniques, Haggai presents us with a tightly concatenated oracle of prophetic and artistic literary splendor.[167]

Certes, Ag est un écrit court, mais il est suffisant pour relater avec rigueur et vigueur les hésitations, les préoccupations et les attachements du peuple. Ag dit la condition générale sociale, politique, économique et religieuse de tout un peuple[168].

Sa structure en symétrie parallèle simple veut signifier la réhabilitation équilibrée de tout dans le temps : le passé, le présent et l'avenir. Un subtil nœud relationnel se constitue entre l'homme, la nature et Dieu. Par ailleurs, le texte d'Aggée rappelle le passé et sert de relais à l'espérance sociale et communautaire jusqu'à la relève apocalyptique et eschatologique. C'est une impulsion vers un avenir éclairé par la conscience permanente que Dieu est tout-puissant et est le partenaire incontournable dans la construction de l'ordre temporel. Avec Dieu, personne n'est oublié. Exclure Dieu de l'entreprise humaine, c'est choisir la disette, le manque et la pénurie. C'est également restreindre le champ des actions humaines qui inclut le visible et l'invisible. La présence souveraine de Dieu influence non seulement le spirituel mais également le matériel. Ag plaide pour la répartition équitable des devoirs personnels et collectifs. Les personnes indiquées pour l'organisation du social et

---

[167] B.W. SWINBURNSON, « The Glory of the Later Temple : A Structural and Biblical-Theological Analysis of Haggai 2:1-9 », dans *JNTS* 23 (2008), p. 28-46.

[168] Le lecteur trouvera des liens avec l'organisation complexe de la vie portée par Ag en examinant l'article de L.C. HASLER, « Poor Circulation : Embodied Economics in Haggai, Malachi, and Zechariah 1–8 », dans *Journal of Biblical Literature* 141 (2022), p. 449-466. L'expression « économie incarnée » sert à décrire comment cette dernière sous-section des XII (Ag-Za-Ml) envisage la communauté judéenne et ses relations sensorielles en termes de collecte, d'échange et de dette. Cette combinaison de facteurs économiques et affectifs a des implications réelles pour comprendre les paramètres de la tâche prophétique, les relations nationales et internationales. Et cela permet surtout de saisir la nature précise de la collectivité judéenne (Yéhud). Sur la réception d'Ag dans une perspective sociale, économique, théologique reliant réconciliation, libération et prospérité en contexte sud-africain, voir la conclusion de D. PIETERSEN, « Haggai's concern for South Africa : A positive transformation to socio-economic justice as a catalyst for reconciliation », dans *Verbum et Ecclesia* 42 (2021), p. 1-9 (p. 8, colonne 1).

des institutions dont il est question doivent susciter la piété et rassembler la communauté autour d'un travail commun accompli d'abord pour Dieu, et ensuite pour le peuple. Le prophète remplit en son temps le rôle de restaurateur et de réformateur des structures sociales et identitaires.

Chacun des destinataires est concerné dans son rôle spécifique. Le reproche s'adresse à tous, mais l'expression concrète de la bénédiction est singulière, particulière pour le bien de la communauté. Qui peut adresser des reproches sinon celui qui a une certaine ascendance, une vraie autorité ? Et qui peut encourager sinon celui qui veut la promotion de l'homme ? Les reproches sont formulés en vue d'encourager à l'obéissance et de former une communauté autour des organisateurs de la vie sociale établis par YHWH des Armées. Par le texte d'Aggée, de nouveaux éléments surgissent pour éclairer la relation entre l'homme et Dieu, ainsi que la connivence qui doit régner entre l'homme et les structures institutionnelles de son milieu de vie.

La prophétie laisse supposer qu'il y a une échelle des relations et des priorités dans les réalisations de chaque jour. Il y a également une hiérarchie dans la responsabilité devant le Maître : ceux qui doivent encourager les autres sont nommés en premier lieu. Cette hiérarchie n'est pas une consécration des inégalités, mais une marque de l'ordre et de l'harmonie à réaliser devant YHWH par un travail concerté et au sein d'un cadre social de collaboration. L'absence de cet ordre rappelle le tohu-bohu initial (originel). La religion ou le lien à la transcendance, le travail rentable figurent parmi les priorités de la vie. Ces priorités se complètent et rien ne peut être envisagé au détriment de l'autre. La prophétie se donne comme un compte-rendu d'un fait humain et traditionnel répondant au désir humain de placer sur un haut plan ce qu'il vit ou veut entreprendre. Ag redit la Torah et la sagesse pratique de son peuple. Le livre montre la place de la collaboration de différentes institutions sociales dans l'édification d'une communauté autour de YHWH, dans une situation de pauvreté et de mauvaises récoltes.

Le texte transmet aussi un modèle, un paradigme. Aggée est le modèle du prophète qui corrige et mobilise pour une action commune et positive. Le prophète, personne de relais entre YHWH et son peuple, rappelle ou fait accomplir une mission de salut pour le peuple. Bref, il s'inscrit dans un dessein pour faciliter les interconnexions dans le peuple, et entre ce peuple et le Seigneur de l'Alliance. Sa mission consiste à tirer la douceur de l'amertume, à faciliter le passage de la confusion à la clarté dans la réalisation des priorités.

Aggée précise comment les hommes peuvent se rapprocher de YHWH et entre eux. Le prophète édifie la communauté et participe à son éveil spirituel. Pour Aggée, la parole de Dieu ne rappelle pas seulement les anciennes théophanies du Sinaï, mais elle est également une parole de circonstance et de tout temps.

> Le message théologique du livre d'Aggée rappelle aussi la profonde dépendance de l'homme par rapport à son environnement et, au-delà, par rapport au Dieu responsable de son harmonie[169].

Zerubbabel est vu, non comme un individu précis, mais plutôt comme un nom type pour toute une lignée, une dynastie, celle de David[170]. Tout porte à croire que YHWH arrange et mène à bien les actions de ses serviteurs loyaux. Par des rappels emphatiques, Aggée confirme le prêtre, le roi, le peuple et le prophète dans leur collaboration pour édifier la communauté. Le Temple est lieu de paix et source de prospérité. « *The book was written to help the new community to remember henceforth that they owed their existence and well-being to God* ».[171] Deux idées fortes jaillissent de ce message : l'adversité et la négligence ne cachent pas le malheur qui les accompagne tandis que la persévérance dans le devoir et le courage, même à un moment de grand désespoir, sont une source de bénédiction. À la suite de F. de Haes, nous reconnaissons que :

> Nous avons indubitablement à faire [sic] à un texte de re-fondation obéissant aux règles d'une rhétorique serrée, et visant le transfert des visions et du langage prophétiques anciens vers un monde totalement changé. C'est au cœur du petit livre d'Aggée que la continuité entre la fragile communauté […] et le peuple de la légendaire sortie d'Égypte, est clairement affirmée. Commence alors la longue aventure du judaïsme[172].

---

169 J.-D. MACCHI, *Aggée*, 2009, p. 536.

170 E. ACHTEMEIER, *Nahum-Malachi*, p. 105.

171 D.R. HILDEBRAND, « Temple Ritual : a Paradigm for Moral Holiness in Haggai II 10-19 », p. 155-156.

172 F. DE HAES, *Le rouleau des Douze Prophètes*, p. 287. Ag pour un appel à l'unité politique et religieuse de la nation, voir B.-L. ŞOPTEREAN, « Jerusalem Temple's Rebuilding as a Religious and National Unity Factor – A Central Topic in Prophet Haggai's Writing », dans *Astra Salvensis-revista de istorie si cultura* 7 (2019), p. 187-194. Ag, comme un livre relativement ancien, donne une petite ouverture mais importante sur les pratiques religieuses et administratives en Yéhud, sous le règne de Darius et lors de la diarchie administrative, voir sur ce point J. RÜCKL, « Haggai as an Old Book », dans *ZAW* 134 (2022), p. 193-214. L'article de J.-M. RIVIERE, « Le ''bruit visuel'' dans les Sermons sur Aggée de Savonarole », dans *Cahiers d'études italiennes* 29 (2019), mis en ligne le 30 septembre 2019 [consulté le 19 décembre 2022]. URL : http://journals.openedition.org/cei/6105; DOI : https://doi.org/10.4000/cei.6105, aborde la notion du basculement ou transfert du discours prophétique en déclaration politique (d'autorité) à travers la représentation visuelle des motifs du champ pastoral.

Aggée, s'adressant plus à la raison et à la volonté qu'au sentiment, ranime l'espérance dans un contexte où tout peut être vécu dans le pessimisme et une forte idée démotivante, paralysante de l'absence de YHWH.

> On a souvent remarqué que l'espérance prophétique surplombe les événements et les personnages de l'histoire, où elle discerne pourtant les signes avant-coureurs de la manifestation finale de YHWH [...] Aggée pose pour ses contemporains un authentique jalon d'espérance sur le chemin de l'accomplissement du salut[173].

2. La prophétie d'Aggée, un livre à multiples résonances

Le livret d'Aggée, une fois découvert, est agréable à relire et à étudier. Il rappelle un devoir de tout instant : faire attention aux priorités. Sans manquer de mentionner les impératifs liés aux moments difficiles, Ag accentue l'assurance du secours divin chez le peuple. En disant ce qui concerne l'homme, la prophétie élargit ainsi son écho vers différents horizons de la vie.

Il y a également un lien possible qui se noue entre Ag et toute la tradition prophétique. C'est ce que J.T. LeCureux montre en étudiant les Douze Petits Prophètes sous le prisme du verbe : שׁוב « ramener » dont nous avons une allusion en Ag 2,17. Voici son argument :

> Overall, there are two different links that join the post-Exilic Haggai to the preceding Twelve : (1) an intertextual connection to the earlier judgment language of the prophet Amos, and (2) a connection to Zephaniah by reason of position. Both links serve to bind the time of Haggai to the writings of the pre-Exilic prophets, and thus show the reader how Israel's past continues to influence its presents.[174]

Il nous semble qu'il y a bien dans chaque livre prophétique des indices qui pourraient permettre d'élaborer des liens entre différents livres prophétiques. Ces liens peuvent se révéler au niveau des thèmes, au niveau de la succession des événements inspirateurs des messages prophétiques et du « Sitz im Buch » (situation des livres dans le corpus prophétique) lorsqu'on fait dialoguer la succession des livres prophétiques dans le TM et la LXX. Cependant, ces échos n'empêchent pas de percevoir la particularité de chaque livre prophétique.

La vitalité du texte peut reposer sur la didactique et la pédagogie prophétique d'Ag. Le prophète puise dans la tradition pour la comprendre, la

---

[173] S. AMSLER, *Aggée, Zacharie 1-8*, p. 42.

[174] J.T. LECUREUX, *The Thematic Unity of the Book of the Twelve* (Hebrew Bible Monographs, 41), Sheffield, Sheffield Phoenix Press, 2012, p. 170.

dépasser, la corriger en vue d'annoncer, de rappeler le passé (l'Exode, l'ancien Temple, les anciennes mentalités par rapport à la nouveauté à promouvoir), pour confirmer les institutions dans leur rôle respectif, pour prouver la présence divine parmi son peuple et susciter son adhésion. Le langage du prophète (dans sa dynamique d'exhortation et d'encouragement, de réhabilitation et de vision sur l'avenir à partir du présent, et dans son rappel de la fidélité de YHWH) précise la manifestation de la présence providentielle et souveraine de YHWH en mettant en relation équilibrée le passé, le présent et l'avenir. La prophétie d'Aggée est un creuset de sens[175] sur ce rapport de l'homme avec YHWH dont les promesses ne changent jamais.

Dans cette logique, Ag permet d'approfondir les notions suivantes :

- l'aspect conservateur, la réhabilitation identitaire reconnus à Aggée[176] et le rôle des éveilleurs de conscience en Israël ;
- la souveraineté, la présence de Dieu et une refondation du monothéisme comme élément identitaire fort du peuple après l'Exil. Le livre aide à percevoir la place de Dieu dans les entreprises humaines (la marque de la transcendance dans l'immanence) et répondre à la question de savoir comment s'attirer les faveurs célestes, les bénédictions de YHWH ;
- la sauvegarde des institutions (prêtre, prophète et roi) ; la collaboration entre YHWH et le peuple. Le travail collectif et la mobilisation pour braver les oppositions et difficultés internes et externes. Et comment se noue le lien entre la prophétie, la culture[177] et les questions économique, morale et politique ;

---

[175] W.J. WESSELS, « The Tip of the Iceberg : Leadership and Leader Interaction in the Book of Haggai in a Time of Resettling and Reconstruction », dans *OTE* 16 (2003), p. 502-517. Je recommande au lecteur le commentaire lumineux d'Ag donné le 31 mars 2023 par Raniero Cardinal Cantalamessa dans la dernière prédication de carême 2023.

[176] Y. GOLDMAN, *Prophétie et royauté au retour de l'Exil : les origines littéraires de la forme massorétique du livre de Jérémie* (OBO, 118), Fribourg & Göttingen, Vandenhoeck & Ruprecht, 1992, p. 231-235. Un dialogue possible entre Aggée et les autres prophètes passe par la dynamique : anticipation et actualisation. Aussi J. KESSLER, « Is Haggai Among the Exclusivists ? A Response to Dalit Rom-Shiloni's Monograph Exclusive Inclusivity », dans *JHS* 18 (2018), p. 13-35.

[177] Les questions fondamentales sur la relation entre l'herméneutique verbale et visuelle intéressent les chercheurs, notamment en ce qui concerne la culture biblique. Les théologiens et les historiens de l'art, de la religion et de la littérature reconnaissent de plus en plus que l'exégèse biblique n'est pas uniquement textuelle, ni aniconique. Les Écritures regorgent d'images verbales et de figures rhétoriques. Les dispositifs visuels de toutes sortes ont leur place en exégèse. Les aspects visuels, contenus dans le texte, fournissent un modèle pour l'interprétation d'autres types de textes significatifs au moyen d'images. Ainsi, les images exégétiques sont importantes pour comprendre comment le sens se construit aussi visuellement, non seulement dans la sphère sacrée mais aussi dans la sphère profane. Les illustrations en Ag n'éloignent pas le lecteur des représentations artistiques, surtout en ce qui

- la portée écologique du texte ; la beauté d'une vie et d'un environnement envisagés avec Dieu ;
- l'écoute exaucée contre la peur qui empêche l'action prophétique. Le sens des promesses prophétiques, nouvelles conceptions de la royauté par rapport à la notion du Messie et d'autres paroles de consolation. La parole dite par Aggée est vérité sur une présence. Ag donne d'entendre la Parole puissante et engageante, d'accueillir la Présence rassurante et réconfortante.

À bien des égards, l'intérêt de ce livret est indéniable. Ag remet en valeur les traditions et les genres littéraires[178] qui sont à la base des Écritures et il s'en sert pour produire une rhétorique engageante et existentielle en vue d'une nouvelle définition de la relation de l'homme avec le Dieu présent et incontournable interlocuteur de l'homme. En effet, Ag fonctionne presque comme un reportage ou un compte-rendu sur une période transitoire et sur un ensemble de paroles qui ont accompagné le peuple dans la reconstitution de son identité et de son affirmation comme nation. En cela, il demeure captivant et inspire encore diverses approches dans les recherches exégétiques. Le nombre de commentaires et d'études sur des aspects spécifiques du livre n'a fait que croître. Chaque essai peut ainsi ouvrir sur de nouvelles orientations que ce court écrit prophétique, riche en applications et implications, permet de découvrir. À dire vrai, Ag, signalant l'effet direct du message sur les auditeurs d'Aggée le prophète, se révèle également de haute facture littéraire, théologique, anthropologique, etc.

---

concerne le temple en ruine et les maisons lambrissées (Ag, 1,9 ; voir aussi les maisons des nobles citées par Am 3,15 ; les images architecturales – fondations-rempart en Za et la salle du trésor chez Ml 3,10). Voir à cet effet, la rhétorique et son apport à l'exégèse visuelle dont parle le volume 33 de la collection *Intersections.* Pour le cas d'Ag, lire S. PERLOVE, « ''The Glory of the Last House'' (Haggai 2:9) : Rembrandt and the Prophets Malachi and Haggai », dans W. MELION, J. CLIFTON et M. WEEMANS (éds), *Imago Exegetica* (Intersections, 33), Leiden, Brill, 2014, p. 609-631.

[178] J. KESSLER, *The Book of Haggai*, p. 156-157.

Bibliographie

1. Instruments de travail : textes, dictionnaires, traductions et grammaire

Ancien Testament interlinéaire hébreu-français, avec le texte de la Traduction Œcuménique de la Bible et de la Bible en français courant, Alliance Biblique Universelle, Villers-le-Bel, 2007.

BABUT J.-M., *Les expressions idiomatiques de l'hébreu biblique. Signification et Traduction. Un essai d'analyse componentielle* (Cahiers de la Revue Biblique, 33), Paris, Galbada & Cie, 1995.

BODA M., *Haggai and Zechariah Research : A Bibliographic Survey* (Tools for Biblical Studies series, 5), Leiden, Brill, 2019.

BROWN F. et al., *The Brown-Driver-Briggs Hebrew and English Lexicon* (BDB), with an appendix containing the Biblical Aramaic, Peabody, Hendrickson Publishers, *Fourteenth Printing* – July 2012.

DE HAES F., *Le rouleau des Douze Prophètes d'Israël et de Juda* (LR, 39), Bruxelles, Lessius, 2012, p. 281-295.

FULLER R.E. et MILIK J.T., « Haggai. Represented by Septuagint, 4QXII[b], 4QXII[e], MurXII, Masoretic Text », dans B. EGO, A. LANGE, H. LICHTENBERGER et K. DE TROYER (éds), *Minors Prophets* (Biblia Qumranica, 3B), Leiden-Boston, Brill, 2005, p. 158-167.

——, « The Twelve Minor Prophets », dans E. ULRICH (éd.), *The Biblical Qumran Scrolls. Transcriptions and Textual Variants* (Supplements to Vetus Testamentum. The Text of the Bible at Qumran, 134), Leiden-Boston, Brill, 2010, p. 618-619.

——, « Textual Issues for an Edition of the Minor Prophets », dans A.P. OTERO et P.A. TORIJANO MORALES (éds), The Text of the Hebrew Bible and Its Editions (Supplements to the Textual History of the Bible, 1), Leiden-Boston, Brill, 2017, p. 413-427.

FULLER R.E., « The Book of the Twelve at Qumran », dans L.-S. TIEMEYER et J. WÖHRLE (éds), *The Book of the Twelve. Composition, Reception and Interpretation* (VTSup., 184), Leiden-Boston, Brill, 2020. 271-285.

GELSTON A. et al., *The Twelve Minor Prophets* (Biblia Hebraica Quinta, 13), quinta editio cum apparatus critic novis curis elaborato, Stuttgart, Deutsche Bibelgesellschaft, 2010.

La Bible traduite et présentée par André Chouraqui, *Douze Inspirés 1 & 2*, Desclée De Brouwer, 1976.

La Bible, traduction intégrale, Hébreu-Français, Tel-Aviv, Éditions du Sinaï, 1994.

La Bible de Jérusalem, Paris, Cerf, 2009.

La Bible, Traduction Officielle *Liturgique*. Texte intégral publié par les évêques catholiques francophones, Paris, Mame et AELF, 2013.

La Bible Bayard. Nouvelle traduction. Édition intégrale, Montrouge, Bayard, 2018.

Traduction œcuménique de la *Bible (TOB),* 2015.

2. Pour les méthodes exégétiques

ALONSO-SCHÖKEL L., *Manuel de poétique hébraïque* (LR, 41), Bruxelles, Lessius, 2013.

BARTHÉLEMY D., *Critique textuelle de l'Ancien Testament. Ézéchiel, Daniel et les 12 Prophètes* (OBO, 50,3), Fribourg, Éditions Universitaires (Vandenhoeck & Ruprecht Göttingen), 1992, p. 923-934.

BAUKS M. et NIHAN Ch. (éds), *Manuel d'exégèse de l'Ancien Testament* (MoBi, 61), Genève, Labor et Fides, 2008.

RICHELLE M., *Guide pour l'exégèse de l'Ancien Testament. Méthodes, exemples et instruments de travail* (Interprétation), Vaux-sur-Seine et Charlos, Edifac-Excelsis, 2012.

SKA J.-L., *Le Livre scellé et le Livre ouvert. Comment lire la Bible aujourd'hui ?* (Traduit de l'italien par Viviane Dutaut), Courtry, Bayard, 2011.

VAN DER SPUY R., « Hebrew Alphabetic Acrostics – Signifiance and Translation », dans *OTE* 21 (2008), p. 513-532.

3. Commentaires sur Aggée et autres prophètes

ACHTEMEIER E., *Nahum-Malachi* (Interpretation. A Bible Commentary for Teaching and Preaching), Louisville, John Knox Press, 1986, p. 93-105.

AMSLER S., « Aggée, Zacharie 1-8 », dans S. AMSLER, A. LAROCQUE et R. VUILLEUMIER (éds), *Aggée, Zacharie, Malachie* (Commentaire de l'Ancien Testament, XIc), Neuchâtel-Paris, Delachaux & Niestlé Editeurs, 1981, p. 13-42.

BEUKEN W.A.M., *Haggai-Sacharja 1-8. Studien zur Überlieferungsgeschichte der frühnachexilischen Prophetie* (Studia Semitica Neerlandica, 10), Assen, Van Gorcum, 1967.

BLANCHARD J., *Les grands points des Petits Prophètes. Regards sur les pages ''propres'' de votre Bible*, Trois-Rivières, Europresse – Publications chrétiennes, 2018.

BOONE R.J., « Haggai », dans J.Ch. THOMAS (éd.), *The Book of the Twelve. A Pentecostal Commentary,* Leiden, Brill, 2020, p. 511-572.

CASHDAN E., « Haggai. Introduction and Commentary », dans A.D. COHEN, *The Twelve Prophets. Hebrew Text,* English *Translation and Commentary,* Bournemouth, The Soncino Press, 1948.

CHARY T., *Les prophètes et le culte à partir de l'Exil* (Théologie Biblique, 3), Paris & Tournai, Desclée, 1955, p. 118-138.

——, *Aggée-Zacharie-Malachie* (Sources bibliques), Paris, Galbada, 1969.

COGGINS R., « Haggai, Zechariah and Malachi », dans R. COGGINS et J.H. HAN, *Six Minor Prophets Through the Centuries* (Blackwell Bible Commentaries), Malden, Wiley Blackwell Publishing, 2011, p. 135-149.

DORSEY D.A., *The Literary Structure of the Old Testament. A Commentary on Genesis-Malachi*, Grand Rapids, Baker Books, 1999.

FLOYD M.H., *Minor Prophets* (Part 2) (FOTL, XXII), Grand Rapids, Eerdmans, 2000, p. 251-300.

FRIES M., RUMMAGE S. et R. GALLATY, *Exalting Jesus in Zephaniah, Haggai, Zechariah, and Malachi* (Christ-Centered Exposition / OT Commentary), Nashville, B&H Publishing Group, 2015.

GOLDINGAY J., « Haggai », dans J. GOLDINGAY et P.J. SCALISE (éds), *Minor Prophets II. New International Biblical Commentary* (Old Testament Series), Peabody, Hendrickson Publishers Marketing, 2009.

HILL A.E., *Haggai, Zechariah, Malachi : An Introduction and Commentary* (Tyndale Old Testament Commentaries, 28), Downers Grove, InterVarsity Press, 2015.

JACOBS Mignon R., *The Books of Haggai and Malachi*, Grand Rapids, Eerdmans Publishing, 2017.

KESSLER J., *The Book of Haggai. Prophecy and Society in Early Persian Yehud* (VTSup, 91), Leiden, Brill, 2002.

KOOPMANS W.T., *Haggai* (Historical Commentary on the Old Testament, 47), Leuven, Peeters, 2017.

MASON R., *The Books of Haggai, Zachariah and Malachi* (The Cambridge Bible Commentary), Cambridge, Cambridge University Press, 1977.

MEADOWCROFT T., *Haggai. Readings : A New Biblical Commentary*, Phoenix, Sheffield, 2006.

MERRILL Eugene H., *Haggai, Zechariah, Malachi : An Exegetical Commentary*, Biblical Studies Press, 2003.

MEYERS C.L. et MEYERS E.M., *Haggai, Zechariah 1-8. A New Translation with Introduction and Commentary* (AB, 25B), New York, Doubleday, 1987.

MITCHELL H.G., *A Critical and Exegetical Commentary on Haggai and Zechariah* (IC C), Edinburg, Morrison & Gibb Limited, 1912, p. 25-79.

NOGALSKI J.D., *The Book of the Twelve Micah-Malachi* (Smyth & Helwys Bible Commentary, 18b), Georgia, Smyth & Helwys Publishing Incorporated, 2011, p. 761-802.

O'BRIEN J.M., *Nahum, Habakkuk, Zephaniah, Haggai, Zechariah, Malachi* (Abingdon Old Testament Commentaries), Nashville, Abingdon Press, 2004.

——, « Haggai », dans O'DAY G.R. et PETERSEN D.L. (éds), *Theological Bible Commentary,* Louisville, Westminster John Knox Press, 2009, p. 283-284.

PATRICK F.Y., *Haggai and the Return of Yahweh* (Ph. D. Diss.), Duke University, 2006.

PETERSEN D.L., *Haggai and Zechariach 1-8. A Commentary* (Old Testament Library), London, SCM Press, 1984.

PETROVICH C.S., *Toward the Originally Authored Book of the Twelve : Testing the Coherence of the Variant Shapings of the Twelve Prophets*, Mémoire présenté sous la direction de T.J. Finley, Biola University, février 2015.

ROGLAND M., *Haggai and Zechariah 1–8 : A Handbook on the Hebrew Text. Baylor Handbook on the Hebrew Bible*, Waco, Baylor University Press, 2016.

SMITH R.L., *Micah-Malachi* (Word Biblical Commentary, 32), Waco, Word Books, 1984, p. 146-163.

STACY Davis, *Haggai and Malachi* (Wisdom Commentary, 39), Collegeville, Liturgical Press, 2015.

TOLLINGTON J.E., *Tradition and Innovation in Haggai and Zechariah 1-8* (Journal for Study of the Old Testament Supplement Series, 150), Sheffield, Sheffield Academic Press, 1993.

TONY A., *Le prophète Aggée. Introduction critique et commentaire,* Paris, Librairie Fischbacher, 1895.

VERHOEF P.A., *The Books of Haggai and Malachi* (The New International Commentary on the Old Testament), Grand Rapids, Eerdmans, 1986.

WOLFF H.W., *Haggai. A Commentary*, Minneapolis, Augsburg Publishing House, 1988.

4. Études sur Ag et autres livres bibliques

ABERNETHY A.T., « The Spirit of God in Haggai 2:5 : Prophecy as a Sign of God's Spirit », dans *VT* 70 (2020), p. 511-520.

ACKROYD P.R., « Studies in the Book of Haggai », dans *JJS* 2 (1951), p. 163-176.

——, « Studies in the Book of Haggai », dans *JJS* 3 (1952), p. 1-13.

ASSIS É., « Haggai : Structure and Meaning », dans *Bib.* 87 (2006), p. 531-541.

——, « The Temple in the Book of Haggai », dans *JHS* 8 (2008), p. 531-541.

——, « A Disputed Temple », dans *ZAW* 120 (2008), p. 582-596.

——, « Composition, Rhetoric and Theology in Haggai 1:1-11 », dans *The JHS* 7 (2009), en ligne sur : http://www.jhsonline.org, 14 p. [consulté le 5 juillet 2013].

BARKER J.R., « Theology at the Cutting Edge : The Book of Haggai and the Rebuilging of the Temple in the Early Persian Period », dans *New Theology Review* 26 (2014), p. 103-106.

——, *Disputed Temple : A Rhetorical Analysis of the Book of Haggai*, Fortress, Emerging Scholars, 2017.

BARSTAD H.M., « Haggai among the Prophets : An Example of Prophetic Continuity in the Hebrew Bible », dans M. BAR-ASHER, D. ROM SHILONI, E. TOV et N. WAZANA (éds), *Shai le-Sarah Japhet: Studies in the Bible, its Exegesis and its Languages*, Jérusalem, Bialik Institute, 2007, p. 265-283.

BECKING B., « Haggai and Zechariah in the Stories of Ezra and 1 Esdras », dans B. BECKING et H. BARSTAD (éds), *Prophecy and Prophets in Stories* (Oudtestamentische Studiën, Old Testament Studies, 65), Leiden, Brill, 2015, p. 152-165.

BEWER J.A., « Ancient Babylonian Parallels to the Prophecies of Haggai », dans *The American Journal of Semitic Languages and Literatures* 35 (1919), p. 128-133.

BLOOMHARDT P.F., « The Poems of Haggai », dans *HUCA* 5 (1928), p. 153-195.

BODA M.J., « Haggai : Master Rhetorician », dans *TynB* 51 (2000), p. 295-304.

BORELAND D.J., *Back to the Future ? The transitional Role of the Temple in Haggai and Zechariah 1-8*, en ligne sur : https://www.ibr-bbr.org, 37 p. [consulté le 30 avril 2014].

CARLSON L., « Zechariah, Zerubbabel, and Zemah : Ideological Development in Early Postexilic Judah », dans J. BADEN, H. NAJMAN et E.J.C.

TIGCHELAAR (éds), *Sibyls, Scriptures, and Scrolls* (Supplements to the Journal for the Study of Judaism, 175), Leiden, Brill, 2017, p. 261-275.

CATALDO J.W., « Yahweh's Breast : Interpreting Haggai's Temple through Melanie Klein's Projective Identification Theory », dans *JHS* 13 (2013), en ligne sur : http://www.jhsonline.org et http://purl.org/jhs, 20 p. [consulté le 28 juillet 2014].

CHRISTENSEN D.L., « Impulse and Design in the Book of Haggai (Haggai 1,15-2,9) », dans *JETS* 35 (1992), p. 454.

——, *Haggai 1:15-2:9. Translation, Logoprosidic Analysis, and Observations*, enregistré le 3 août 2006, en ligne sur : www.bibal.net, 9 p. [consulté le 6 juillet 2013].

——, *Haggai 2:10-23, Translation, Logoprosody Analysis, and Observations*, 2006, en ligne sur : www.bibal.net, 12 p. [consulté le 7 mai 2014].

CLARK D.J., « Discourse Structure in Haggai », dans *Journal of Translation and Textlinguistics* 5 (1992), p. 13-24.

CONSTABLE T.L., *Notes on Haggai,* commentaire édité en 2013, en ligne sur : http://www.soniclight.com/, 26 p. [consulté le 6 juillet 2013].

EYBERS H.I., « Haggai, the Mouthpiece of the Lord », dans *Theologia Evangelica* 1 (1968), p. 62-71.

FAALILI Malutafa, *"The time has not yet come to rebuild Yahweh's house": A Jamesonian Reading of the book of Haggai*. Thèse soumise en vue de satisfaire aux exigences du grade de docteur en théologie, Université de Newcastle, juin 2019.

FERNANDO A.P., « The Temple Motif in the Book of Haggai : A Call for Theocentric Perspective and Priorities in the Post Modern and Technological World », dans *Abstract Proceedings International Scholars Conference*, 2019, p. 2020-2032.

FERRY J., « Le livre d'Aggée », dans J. ASURMENDI, J. FERRY, A. FOURNIER-BIDOZ et J. NIEUVIARTS, *Guide de lecture des prophètes,* Paris, Bayard, 2010, p. 563-572.

FLOYD M.H., « The Nature of the Narrative and the Evidence of Redaction in Haggai », dans *VT* 45 (1995), p. 470-490.

FOSTER R., *The Theology of the Books of Haggai and Zechariah* (Old Testament Theology), Cambridge, Cambridge University Press, 2020.

GANZEL T., « The Shattered Dream. The Propheties of Joel : A Bridge between Ezechiel and Haggai ? », dans *JHS* 11 (2011), en ligne sur : http://www.jhsonline.org, 22 p. [consulté le 17 mars 2014].

GUILLAUME P., « A Reconsideration of Manuscripts Classified as Scrolls of the Twelve Minor Prophets (XII) », dans *JHS* 7 (2009), en ligne sur : http://www.jhsonline.org, 12 p. [consulté le 25 mars 2014].

GOSWELL G., « The Fate and Future of Zerubbabel in the Prophecy of Haggai », dans *Bib.* 91 (2010), p. 77-90.

——, « The Glorification of the Temple in Haggai 2, 1-9 », dans *SJOT* 35 (2021), p. 242-255.

HASLER L.C., « Poor Circulation : Embodied Economics in Haggai, Malachi, and Zechariah 1–8 », dans *JBL* 141 (2022), p. 449-466.

HILDEBRAND D.R., « Temple Ritual : A Paradigm for Moral Holiness in Haggai II 10-19 », dans *VT* 39 (1989), p. 154-168.

HYLTON A.M., *Haggai : Prophet of Yehovah's Pleasure*, Lulu. Com, 2019, books.google.be

JONES B.A., « The Book of Haggai : A Resource for Resident Aliens », dans *RevExp* 112 (2015), p. 135-143.

KASHER R., « Haggai and Ezekiel : The Complicated Relations Between the Two Prophets », dans *VT* 59 (2009), p. 556-582.

KESSLER J., « Building the Second Temple : Questions of Time, Text, and History in Haggai 1:1-15 », dans *JSOT* 27 (2002), p. 243-256.

——, « Haggai, Zerubbabel and the Political Status of Yehud : The Signet Ring in Haggai 2:23 », dans M.H. FLOYD et R.D. HAAK (éds), *Prophets, Prophecy and Prophetic Texts in Second Temple Judaïsm* (Library of Hebrew Bible/Old Testament Studies, 427), Atlanta, 2003, p. 102-119.

——, « Tradition, Continuity and Covenant in the Book of Haggai: an Alternative Voice from Early Persian Yehud », dans M.J. BODA et M.H. FLOYD (éds), *Tradition in Transition: Haggaï and Zechariah 1-8 in the Trajectory of Hebrew theology* (Library of Hebrew Bible/Old Testament Studies, 475), New York, T. & T. Clark, 2008, p. 1-39.

KESSLER J., « Is Haggai Among the Exclusivists ? A Response to Dalit Rom-Shiloni's Monograph Exclusive Inclusivity », dans *JHS* 18 (2018), p. 13-35.

KIM J., *The Relationship Between Temple and Agriculture in the Book of Haggai*, Thèse de doctorat menée sous la direction de Hans Barstad et David Reimer, University of Edinburgh, 2013.

KOPLITZ M. et MIN D., *This is a Hebraic oriented analysis for the Haggai 2:1-9 which can be used for a sermon or a Bible Study. The Sermon Connect section connects the analysis of the Scripture for a sermon I*, 2016.

LEUENBERGER M., « Haggai in the Book of the Twelve », dans L.-S. TIEMEYER et J. WÖHRLE (éds), *The Book of the Twelve* (VTSup., 184), Leiden, Brill, 2020, p. 225-237.

LOCKSHIN M., « Why is Holiness Not Contagious ? », dans A.L. MITTLEMAN (éd.), *Holiness in Jewish Thought*, Oxford, Oxford University Press, 2018, p. 54-66.

LOGINOW A.R., *Greater Than The Former: A Christocentric Approach To Haggai In Light Of Recent Christocentric Homiletics*, Thèse de doctorat menée sous la direction de, Boyce Digital Repository, 2018.

MACCHI J.-D., « Aggée », dans Th. RÖMER, J.-D. MACCHI et Ch.L. NIHAN, *Introduction à l'Ancien Testament* (MoBi, 49), Genève, Labor et Fides, 2009, p. 532-536.

MASON R., « The Purpose of the 'Editorial Framework' of the Book of Haggai », dans *VT* 27 (1977), p. 413-421.

MAY H.G., « 'This People' and 'this Nation' in Haggai », dans *VT* 18 (1968), p. 190-197.

MCENTIRE M., « Haggai : Bringing God into the Picture », dans *RevExp* 97 (2000), p. 69-78.

MEYERS M.E., « The Use of Tôrâ in Haggai 2:11 and the Role of the Prophet in the Restoration Community », dans C.L. MEYERS et M.P. O'CONNOR (éds), *The Word of the Lord Shall Go Forth: Essays in Honor of David Noel Freedman*, Winona Lake, 1983, p. 69-76.

NADLER-AKIRAV M., « Yefet's Exegesis of Amos, Haggai, and Malachi », dans Meirav NADLER-AKIRAV (éd.), *The Arabic Translation and Commentary of Yefet ben ʿEli the Karaite on the Books of Amos, Haggai, and Malachi* (Karaite Texts and Studies, 89 / Études sur le judaïsme médiéval, 89), Leiden, Brill, 2021, p. 3-15.

NOMMENSEN W.B., « An Isagogical Review of Haggai », Delivered to the Metropolitan-North Pastoral Conference, Redeemer Ev. Luth. Church, January 19, 1981.

NORTH F.S., « Critical Analysis of the Book of Haggai », dans *ZAW* 68 (1956), p. 25-46.

NORTON G.J., *Haggai, Zechariah, Malachi,* dans *Hebrew Studies* 38 (1997), p. 149-152.

OGDEN G., « A Case Study for Study Bibles : The Book of Haggai », dans *The Bible Translator* 69 (2018), p. 176-183.

O'KENNEDY D.F., « Haggai and Zechariah 1-8 : Diarchic Model of Leadership in a Rebuilding Phase », dans *Scriptura : International Journal of Bible, Religion and Theology in Southern Africa* 102 (2009), p. 579-593.

——, « Haggai 2:20-23 : Call to Rebellion or Eschatological Expectation? », dans *Old Testament Essays* 27 (2014), p. 520-540.

——, « The Importance of three Judahite Figures in the Book of Haggai: Zerubbabel, Joshua, and Haggai », dans *Journal for Semitics* 29 (2020), p. 1-16.

PERLOVE S., « ''The Glory of the Last House'' (Haggai 2:9) : Rembrandt and the Prophets Malachi and Haggai », dans Walter MELION, James CLIFTON et Michel WEEMANS (éds), *Imago Exegetica* (Intersections, 33), Leiden, Brill, 2014, p. 609-631.

PIERCE R.W., « A Thematic Developpement of the Haggai / Zechariah / Malachic Corpus », dans *JETS*27 (1984), p. 401-411.

——, « Litterary Connectors and a Haggai / Zechariah / Malachi Corpus », dans *JETS* 27 (1984), p. 277-289.

PIETERSEN D., « Haggai's concern for South Africa : A positive transformation to socio-economic justice as a catalyst for reconciliation », dans *Verbum et Ecclesia* 42 (2021), p. 1-9.

PRINEAS M., « 'Yet once, it is a little while' : Recovering the Book of Haggai in 'Lycidas' », dans *Milton Quarterly* 33 (1999), p. 114-123.

PRINSLOO W.S., « The Cohesion of Haggai 1:4-11 », dans *Wünschet Jerusalem Frieden* (1988), p. 337-343.

REDDITT P.L., « Prophecy and the Monarchy in Haggai and Zechariah », dans *CBQ* 76 (2014), p. 436-449.

RIVIERE J.-M., « Le ''bruit visuel'' dans les Sermons sur Aggée de Savonarole », dans *Cahiers d'études italiennes* 29 (2019), mis en ligne le 30 septembre 2019 [consulté le 19 décembre 2022]. URL : http://journals.openedition.org/cei/6105; DOI : https://doi.org/10.4000/cei.6105.

ROGLAND M.F., « Haggai 2:17 – A New Analysis », dans *Bib.* 88 (2007), p. 553-557.

——, « Two Philological Notes on Haggai 2:15-19 », dans *Hebrew Studies* 54 (2013), p. 69-77.

ROGLAND M., « A "Cryptic Phrase" in Haggai 2:6 », dans *Journal of Biblical Literature* 136 (2017), p. 585-592.
RONALD S.J., « Notes on Haggai 2:10-21 », dans *Journal of Translation and Textlinguistics* 5 (1992), p. 25-36.
RÜCKL J., « Haggai as an Old Book », dans *ZAW* 134 (2022), p. 193-214.
SHEPHERD M., « Haggai and Zechariah in Greek Psalm Superscriptions », dans *Textus* 28 (2019), p. 125-144.
SHERRELL A.Ch., *The Message of the Prophet Haggai: a socio-political Approach*, Mémoire présenté à University of Cape Town, sous la direction de Y. Gitay, 2003.
SCHREINER D.B., « Zerubbabel, Persia, and Inner-Biblical Exegesis », dans *Journal for the Evangelical Study of the Old Testament* 4 (2015), p.
SCHULTZ J., *Commentary to Haggai*, 2003, en ligne sur : www.bible-commentaries.com, 18 p. [consulté le 5 juillet 2013].
SCHULZ S., « Zerubbabel, Joshua and the Restoration of the Temple – A Comparative Approach to the Concepts of Leadership in Haggai/Zech 1–8 and Ezra 1–6 », dans K. PYSCHNY et S. SCHULZ (éds), *Transforming Authority : Concepts of Leadership in Prophetic and Chronistic Literature* (BZAW, 518), New York – London, de Gruyter, 2021, p. 263-292.
ŞOPTEREAN B.-L., « Jerusalem Temple's Rebuilding as a Religious and National Unity Factor - A Central Topic in Prophet Haggai's Writing », dans *Astra Salvensis-revista de istorie si cultura* 7 (2019), p. 187-194.
SWEENEY M.A., « The Twelve Prophets (Micah, Nahum, Habakkuk, Zephaniah, Haggai, Zechariah, Malachi », dans M.A. SWEENEY, J.T. WALSH, C. FRANKE et D.W. COTTER (éds), *Studies in Hebrew Narrative & Poetry* (Berit Olam), Collegeville, The Liturgical Press, 2000, p. 527-557.
SWINBURNSON B.W., « The Glory of the Later Temple : A Structural and Biblical-Theological Analysis of Haggai 2:1-9 », dans *JNTS* 23 (2008), p. 28-46 (ou dans *Kerux* 2 (2008), p. 28-46).
——, « The Rhetorical of the Post-Exilic Prophetic Reversal : Chiasmus in Haggai 1:1-15. A Structural and Biblical-Theological Analysis », dans *JNTS* 23 (2008), p. 54-74.
SYKES S., « Time and Place in Haggai-Zechariah 1-8 : A Bakhtinian Analysis of a Prophetic Chronicle », dans *JSOT* 76 (1997), p. 97-124.
TIEMEYER L.-S., « The Question of Indirect Touch : Lam 4,14; Ezek 44,19 and Hag 2,12-13 », dans *Bib.* 87 (2006), p. 64-74.
TIEMEYER L.-S., « The Haggai–Zechariah 1–8 Corpus », dans L.-S. TIEMEYER et J. WÖHRLE (éds), *The Book of the Twelve* (VTSup., 184), Leiden, Brill, 2020, p. 38-64.
TIMMER D.C., « The Nations in Haggai », dans Daniel TIMMER, *The Non-Israelite Nations in the Book of the Twelve. Thematic Coherence and the Diachronic-Synchronic Relationship in the Minor Prophets* (Biblical Interpretation Series, 135), Leiden, Brill, 2015, p. 169-176.
TOLLINGTON J.E., « Readings in Haggai : from the Prophet to the completed Book, a changing Message in changing Times », dans B. BECKING et M.C.A. KORPEL (éds), *The Crisis of Israelite Religion. Transformation of Religious Tradition in Exilic and Post-Exilic Times* (OTS, 42), Leiden, Brill, 1999, p. 194-208.

VAN ROOY H.F., « Eschatology and Audience : Eschatology of Haggai », dans *OTE* 1 (1988), p. 49-63.

VARNER K., *Unshakeable Peace : The Life and Times of Haggai the Prophet*, Shippensburg, Destiny Image Publ., 1994.

WENDLAND E.R., « The Structure, Style, Sense and Signifiance of Haggai's Prophecy concerning the 'House of the Lord'-with special Reference to Bible Interpretation and Translation in Africa (Part one) », dans *OTE* 18 (2005), p. 907-926.

——, « The Structure, Style, Sense and Signifiance of Haggai's Prophecy concerning the 'House of the Lord'-with special Reference to Bible Interpretation and Translation in Africa (Part II) », dans *OTE* 19 (2006), p. 281-306.

WESSELS W.J., « The Tip of the Iceberg : Leadership and Leader Interaction in the Book of Haggai in a Time of Resettling and Reconstruction », dans *OTE* 16 (2003), p. 502-517.

——, « Engaging the Book of Haggai in Leadership Issues », dans *OTE* 16 (2003), p. 766-783.

WIELENGA B., « Eschatological Hope in Haggai : A Homiletic Reading », dans *In die Skriflig* 49 (2015), p. 1-13.

WILLMINGTON H., « Article 37: Haggai at a Glance » (2017), dans The Owner's Manual File. 9, en ligne sur l'URL : https://digitalcommons.liberty.edu/owners_manual/9

WOLF H., « The Desire of all Nations in Haggai 2:7, Messianic or Not », dans *JETS* 19 (1976), p. 97-102.

WÖHRLE J., « The Formation and Intention of the Haggai-Zecharian Corpus », dans *JHS* 6 (2006), doi : 10.5508, en ligne sur : http://www.jhsonline.org, 14 p. [consulté le 3 juillet 2013].

5. Autres études

ABADIE P., « Les retours d'Exil et la reconstruction du Temple », dans QUESNEL M. et GRUSON P. (éds), *La Bible et sa culture : Ancien Testament,* Paris, Desclée de Brouwer, 2000.

ASURMENDI J., *Le prophétisme des origines à l'époque moderne*, Paris, Nouvelle cité, 1985.

AUZOU G., *La tradition biblique. Histoire des écrits sacrés du peuple de Dieu*, (Connaissance de la Bible, 2), Paris, Éditions de l'Orante, 1957.

——, *La parole de Dieu. Approches du mystère des saintes écritures* (Connaissance de la Bible, 1), Paris, Éditions de l'Orante, 1960.

BASLEZ M.-F., « Être Samaritain dans l'Antiquité. La construction d'une identité ethnico-religieuse », dans F. BRIZAY (éd.), *Identité religieuse et minorités : De l'Antiquité au XVIIIe siècle* (Histoire), Rennes, Presses Universitaires de Rennes, 2018, p. 23-36.

BEN ZVI E., « L'hypothèse d'un Livre des Douze est-elle possible du point de vue des lecteurs anciens ? », dans J.-D. MACCHI, Ch.L. NIHAN, Th. RÖMER et J. RUCKL (éds), *Les recueils prophétiques de la Bible. Origines, milieux et contexte proche-oriental* (MoBi, 64), Genève, Labor et Fides, 2012, p. 387-423.

BOYER F., *Là où le cœur attend*, Paris, P.O.L., 2017.

EDELMAN D.V. et al., *Clés pour le Pentateuque. État de la recherche et thèmes fondamentaux* (MoBi, 65), Genève, Labor et Fides, 2013.

ENCEL S., *Temple et temples dans le judaïsme antique* (Bibliothèque d'études juives, 48), Paris, Honoré Champion, 2012.

GOLDMAN Y., *Prophétie et royauté au retour de l'Exil : les origines littéraires de la forme massorétique du livre de Jérémie* (OBO, 118), Fribourg & Göttingen, Vandenhoeck & Ruprecht, 1992.

HARVEY J., *Le plaidoyer prophétique contre Israël après la rupture de l'Alliance. Étude d'une formule littéraire de l'Ancien Testament* (Studia, 22), Bruges-Paris-Montréal, Desclée de Brouwer &Bellarmin, 1967.

HIMBAZA I., « YHWH Seba'ot devient le grand roi. Une interprétation de Ml 1,6-14 à la lumière du contexte perse », dans *VT* 62 (2012), p. 357-368.

KÜNG R., « Éclairages sur la question des XII à partir du livre de Sophonie », dans MACCHI J.-D., Ch.L. NIHAN, Th. RÖMER et J. RÜCKL (éds), *Les recueils prophétiques de la Bible. Origines, milieux et contexte proche-oriental* (MoBi, 64), Genève, Labor et Fides, 2012, p. 424-434.

JOOSTEN J., « Discours prophétique et rhétorique populaire dans la Bible hébraïque », dans *Revue Biblique* 118 (2011), p. 482-495.

LECUREUX J.T., *The Thematic Unity of the Book of the Twelve* (Hebrew Bible Monographs, 41), Phoenix, Sheffield Press, 2012.

MARX A., « L'impureté selon P. Une lecture théologique », dans *Bib.* 82 (2001), p. 363-384.

NEHER A., *Prophètes et prophéties. L'essence du prophétisme*, Paris, Payot & Rivages, 2004 (nouvelle édition).

NOCQUET D., « Bible hébraïque et pensée laïque, lointaines proximités et résonances atemporelles ? », dans *Études théologiques et religieuses* 95 (2020), p. 603-623.

O'BRIEN J.M., *Challenging Prophetic Metaphor. Theology and Ideology in the Prophets*, Louisville and London, Westminster John Knox Press, 2008.

ODEN T.C. et FERREIRO A. (éds), *The Twelve Prophets* (Ancient Christian Commentary on Scripture. Old Testament, XIV), Downers Grove, Inter Varsity Press, 2003.

PAUL A., *La Bible avant la Bible. La grande révélation des manuscrits de la Mer Morte,* Paris, Cerf, 2005.

PETERSEN D.L., « The Prophetic Process Reconsidered », dans *Iliff Review* 40 (1993), p. 13-19.

PETERSEN D.L., *The Prophetic Literature. An Introduction,* Louisville, Westminster John Knox, 2002.

RÖMER Th., *La première histoire d'Israël. L'Ecole deutéronomiste à l'œuvre* (MoBi, 56), Genève, Labor et Fides, 2007.

——, *La Bible. Quelles histoires ! Les dernières découvertes, les dernières hypothèses. Entretien avec Estelle Villeneuve*, Genève, Bayard & Labor et Fides, 2014.

——, *L'invention de Dieu* (Les livres du nouveau monde), Paris, Seuil, 2014.

SKLAR J., *Sin, Impurity, Sacrifice Atonement : Priestly Conceptions* (Hebrew Bible Monographs, 2), Sheffield, Sheffield Phoenix Press, 2005.

VANHOOMISSEN G., *De David à Jésus. Figures du Messie* (LR), Bruxelles, Lessius Éditions jésuites, 2022.

VERMEYLEN J., *Jérusalem centre du monde. Développements et contestations d'une tradition biblique* (Lectio Divina, 217), Paris, Cerf, 2007.

WENDLAND E.R., *Prophetic Rhetoric : Case Studies in Text Analysis and Translation,* Longwood, Xulon Press, 2009.

6. Abréviations

Livres bibliques

Ab	Abdias
Ag	Aggée
Am	Amos
1 & 2 Ch	1 & 2 Chroniques
Dn	Daniel
Dt	Deutéronome
Esd	Esdras
Ex	Exode
Ez	Ézéchiel
Gn	Genèse
Ha	Habacuc
Is	Isaïe
Jg	Juges
Jl	Joël
Jon	Jonas
Jos	Josué
Jr	Jérémie
Lv	Lévitique
Mi	Michée
Ml	Malachie
Na	Nahum
Nb	Nombres
Ne	Néhémie
Os	Osée
Pr	Proverbes
1 & 2 R	1 et 2 Rois
So	Sophonie
Za	Zacharie

Journaux et revues

Bib.	*Biblica*

CBQ	*The Catholic Biblical Quarterly*
JBL	*Journal of Biblical Literature*
JETS	*Journal of Evangelical Theological Society*
JHS	*Journal of Hebrew Scriptures*
JJS	*Journal of Jewish Studies*
JNTS	*Journal of Northwest Theological Seminary*
JSOT	*Journal for the Study of the Old Testament*
HUCA	*Hebrew Union College Annual*
OTE	*Old Testament Essays*
TynB	*Tyndale Bulletin*
VT	*Vetus Testamentum*
VTS	*Vetus Testamentum Supplement*
ZAW	*Zeitschrift für die Alttestamentliche Wissenschaft*

Collections

AB	Anchor Bible
BZAW	Beihefte zur Zeitschrift für die Alttestamentliche Wissenschaft
CAT	Commentaire de l'Ancien Testament
FOTL	Forms of the Old Testament Literature
ICC	International Critical Commentary
JSOTSS	Journal of Study of the Old Testament
LD	Lectio Divina
LHB / OTS	Library of Hebrew Bible / Old Testament Studies
LR	Le livre et le rouleau
NICOT	New International Commentary on the Old Testament
MoBi	Le Monde de la Bible
OBO	Orbis Biblicus et Orientalis
OTC	Old Testament Commentary
OTS	Old Testament Studies
OTL	Old Testament Library
WBC	Word Biblical Commentary

ANNEXE

1. Prophétie d'Aggée (Traduction de travail)

Ag 1

1a Dans l'an deux, pour Daryawèsh le roi, dans le mois le sixième, dans le jour
un pour le mois,
1b *il y eut la parole de YHWH par la main d'Aggée le prophète* à Zerubbabel, fils
de Shéaltiël, gouverneur de Juda et à Josué, fils de Yehotsadaq, le grand-
prêtre, *pour dire* :
2 Ainsi dit YHWH des Armées pour dire : ce peuple dit : n'est pas le temps de
venir,
le temps de la maison de YHWH pour être construite.
3 *Et il y eut la parole de YHWH, par la main d'Aggée le prophète, pour dire* :
4 le temps est-il pour vous-mêmes **d'habiter dans vos maisons lambrissées** et
cette maison **en ruine** ?
5 Et maintenant, **ainsi dit YHWH des Armées : Placez vos cœurs sur vos
chemins.**
6 Vous avez semé beaucoup et vous ramenez peu, vous avez mangé et rien pour
vous rassasier, vous avez bu mais rien pour vous enivrer, vous vous habillez
mais rien pour vous réchauffer avec lui. Et le salarié ayant salaire dans une
bourse trouée.
7 **Ainsi dit YHWH des Armées : Placez vos cœurs sur vos chemins.**
8 Escaladez la montagne et vous faites venir du bois **et construisez la maison**.
Et que je prenne plaisir en elle et que j'en reçoive honneur (sois glorifié), *dit
YHWH.*
9 Se tourner vers beaucoup et voici pour peu et ce que vous **avez ramené à la
maison**, j'ai soufflé sur cela.
Pourquoi donc, *oracle de YHWH des Armées* ? À cause de ma maison qui, elle,
est **en ruine**,
alors que vous vous précipitez (précipitant) chacun **dans sa propre maison**.
10 C'est pourquoi sur vous, les cieux ont retenu la rosée et la terre a retenu son
produit.
11 J'ai appelé la sécheresse sur la terre et sur les montagnes et sur le blé et sur le
vin et sur l'huile fraîche et sur ce que fait sortir le sol et sur l'être humain et
sur le bétail et sur toute l'œuvre des mains.
12 Alors ont écouté Zerubbabel, fils de Shéaltiël, et Josué, fils de Yehotsadaq, le
grand-prêtre et tout le reste du peuple, la voix de YHWH leur Dieu et sur les
paroles (à cause) d'Aggée le prophète comme l'a envoyé **YHWH leur Dieu**.
Ainsi, le peuple craignit devant YHWH.
13 Et dit Aggée, le messager de YHWH, par le message de YHWH au peuple, pour
dire :
moi, (je suis) avec vous, oracle de YHWH.
14 Et réveilla YHWH l'esprit de Zerubbabel, fils de Shéaltiël, gouverneur de Juda,
et l'esprit de Josué, fils de Yehotsadaq, le grand-prêtre, et l'esprit de tout le
reste du peuple. Et ils sont revenus et ils ont fait ouvrage dans la maison de
YHWH des Armées, **leur Dieu**.
15a Dans le jour vingt-quatrième, pour le mois le sixième
15b dans l'an deux pour Daryawèsh, le roi.

Ag 2

1a Dans le septième (mois), dans le vingt-et-unième du mois,
1b il y eut la parole de YHWH par la main d'Aggée, le prophète, pour dire :
2 Dis, s'il te plaît, à Zerubbabel, fils de Shéaltiël, gouverneur de Juda, et à
Josué, fils de Yehotsadaq, le grand-prêtre
et au reste du peuple, pour dire :
3a Parmi vous le restant qui a vu cette maison dans sa première gloire ?

3b Et comment la voyez-vous maintenant ? N'est-elle pas comme rien à vos yeux ?
4a Et maintenant sois fort Zerubbabel, oracle de YHWH ! Et sois fort Josué, fils de Yehotsadaq, le grand-prêtre !
Et sois fort, **tout le peuple de la terre**, oracle de YHWH ! Et travaillez
4b car moi (je suis) **avec vous**, oracle de YHWH des Armées.
5 Selon la parole que j'ai conclue avec vous pendant votre sortie d'Egypte,
et mon **esprit demeure parmi vous**, ne craignez !
6 Car ainsi dit YHWH des Armées : Encore un peu de temps, moi j'ébranlerai les cieux et la terre, et la mer et le (sol) sec
7a Et j'ébranlerai toutes les nations et viendront les richesses de toutes les nations.
7b Alors je remplirai **cette maison de gloire**, *dit YHWH des Armées*.
8 À moi l'argent et à moi l'or, *oracle de YHWH des Armées*.
9a Grande sera **la gloire de cette maison**, la dernière par rapport à la première, *dit YHWH des Armées*
9b et dans ce lieu-ci, je donnerai (la) paix, *oracle de YHWH des Armées*.
10 Dans le vingt-quatrième (jour) pour le neuvième (mois) dans l'an deux pour Daryawèsh,
il y eut la parole de YHWH à Aggée le prophète, pour dire :
11 Ainsi dit YHWH des Armées : Demande, s'il te plaît, aux prêtres un enseignement pour dire :
12a Si un homme porte de la viande de consécration dans le pan de son vêtement et touche avec son pan le pain et le potage et le vin et l'huile et toute nourriture, est-ce que ce sera consacré ?
12b **Et répondirent les prêtres et ils dirent** : Non.
13a **Et dit Aggée** : Si touche un impur par contact avec un cadavre à toutes ces choses, est-ce que ce sera **impur** ?
13b **Et répondirent les prêtres et ils dirent** : Ce sera impur.
14 Et répondit **Aggée et il dit** : Ainsi ce peuple et ainsi cette nation, devant moi, oracle de YHWH, et ainsi toute l'œuvre de leurs mains. Et ce qu'ils présentent là, **impur** est.
15 **Et maintenant, placez, s'il vous plaît, votre cœur, à partir ce jour et par la suite**
avant de placer une pierre sur une pierre dans **le temple de YHWH**.
16 Avant que cela soit (le fait de placer pierre sur pierre), on venait pour un tas de vingt et il y avait dix.
On venait à la cuve pour puiser cinquante (mesures) du pressoir, et il y avait vingt.
17 Je vous ai frappés par la rouille et par la nielle et par la grêle, toute l'œuvre de vos mains.
Mais rien de vous, vers moi, oracle de YHWH
18 **Placez, s'il vous plaît, votre cœur à partir ce jour et par la suite**. À partir du jour vingt-quatre pour le neuvième (mois), pour à partir du jour où fut fondé **le temple de YHWH, placez vos cœurs**
19 Est-ce qu'il y avait encore (de) la semence dans le grenier, et jusqu'à la vigne, et le figuier, et le grenadier
et l'arbre de l'olivier n'a pas porté. À partir de ce jour, je bénirai.
20 Il y eut la parole de YHWH une deuxième fois à Aggée dans le vingt-quatre (jour) pour le mois, pour dire :
21 *Dis à Zerubbabel, gouverneur de Juda, pour dire* : moi, ébranlant les cieux et la terre
22a **Et je renverserai** le trône des royaumes et je détruirai la force des royaumes des nations.
22b **Et je renverserai** char et ceux qui le montent ; et descendront chevaux et leurs cavaliers,
un homme **(chacun)** par l'épée de son frère.
23 Dans ce jour, **oracle de YHWH des Armées**,
je te prendrai, Zerubbabel fils de Shéaltiël (comme) mon serviteur, oracle de YHWH,

et je te placerai comme le sceau. Car toi je (t') ai choisi, **oracle de YHWH des Armées** !

2. Résumé

Le livret d'Aggée (Ag) communique « la parole de YHWH » et révèle sa présence agissante dans les événements. Pris dans son ensemble, ce livre prophétique constitue une pièce littéraire complète et son organisation ne fait pas de doute. À bien des égards, l'intérêt pour le lire est indéniable. Ag remet en valeur les traditions et les genres littéraires qui sont à la base des Écritures et il s'en sert pour produire une rhétorique claire, épaisse, engageante et existentielle en vue de promouvoir une nouvelle définition de la relation de l'homme avec le Dieu présent, incontournable interlocuteur de l'homme. Il nous paraît évident que ses 38 versets d'Ag constituent une unité rythmée et harmonieuse. Ce n'est pas parce qu'il est court mais parce qu'une cohérence interne et une logique de construction accompagnent sa composition. Sa structure en symétrie parallèle simple veut signifier la réhabilitation équilibrée de tout dans le temps : le passé, le présent et l'avenir qui forment un long maintenant. En effet, Ag fonctionne presque comme un reportage ou un compte-rendu sur une période transitoire et sur un ensemble de paroles qui ont accompagné le peuple dans la reconstitution de son identité et de son affirmation comme nation, avec ses leaders, son peuple et sa vie intégrale. En cela, il demeure captivant et inspire encore diverses approches dans les recherches exégétiques. Le nombre de commentaires et d'études sur des aspects spécifiques d'Ag n'a fait que croître. Chaque essai peut ainsi ouvrir sur de nouvelles orientations que ce court écrit prophétique, riche en applications et implications, permet de découvrir. À dire vrai, ce texte est et sera toujours de haute facture littéraire, anthropologique et théologique.

TABLE DES MATIÈRES

Printed by Books on Demand GmbH, Norderstedt / Germany